MUNDO LIBRESCO

JAVIER CASTRO
FLÓREZ

Primera edición en Newcastle ediciones,
Noviembre 2025

© Javier Castro, 2025

ISBN: 979-13-990118-5-2
Depósito legal: MU 1329-2025

Diseño: Cristina Morano
Maquetación: María Cerón Madrigal

Impresión: Estugraf
Edita: Newcastle Ediciones
Calle San Nicolás 25, 3ºD
30153 Corvera (Murcia)
newcastleediciones@yahoo.com
www.newcastle-ediciones.tumblr.com

Para mi madre Josefina Flórez,
que me compró mi primer libro.

Índice

I. Prólogo   9

II. Textos de presentaciones   15

III. Sobre bibliotecas   43

IV. De todo un poco   63

V. En la feria del libro   153

I Prólogo

El que otros colegas editores hayan escrito libros extraordinarios me permite publicar este mío con la tranquilidad de que el honor de la profesión está a salvo. Porque al igual que en todo rebaño hay alguna oveja negra, este libro no es uno de esos imprescindibles para entender el mundo del libro –y que escribieron Mario Muchnik, Manuel Arroyo-Stephens , Jorge Herralde, o Esther Tusquets– sino un modesto y totalmente prescindible batiburrillo que, si acaso, intenta describir no *el*, sino *mi* mundo libresco. En *Memé Scianca* , su preciosa autobiografía, Roberto Calasso –otro extraordinario editor–, señaló que la memoria está hecha fundamentalmente de agujeros, que es "como un territorio acribillado de cráteres volcánicos ya inactivos", y recordó que los asiriólogos denominan *Pseudobiografía, a* esas primeras vidas no escritas por el rey o dios que habla en primera persona, sino por un ignoto escriba muchos años después que, ante la falta de testimonios directos, debe rescatar cualquier fragmento para –escribe Roberto– "aferrar el borde de una tela que alguna vez envolvió un cuerpo". Y así he armado este libro recuperando algunos textos sobre mi amor a los libros escritos a lo largo de los últimos años, reuniendo recuerdos del año Maricastaña, como uno de aquellos escribas. He usado la palabra *batiburrillo* y eso me ha hecho recordar la caja metálica de galletas donde mis padres guardaban las fotografías familiares. Como creo que pasó en muchas casas, con los años compraron álbumes y pegaron y ordenaron en ellos aquellas imágenes, pero creo que con el cambio se perdió la poesía que tenía abrir aquella caja metálica. Era algo precioso, una experiencia siempre diferente porque, como si fuéramos jugadores barajando los naipes, al sacar las fotos nunca sabías lo que ibas a ver: podía ser una de la bisabuela Ramona en Riolobos montada en un burro, un recordatorio de primera comunión de un niño que nadie sabía muy bien quién era o una de esas fotografías diminutas de bordes dentados en las que posaban decenas de jóvenes entre los que mi madre señalaba la cabeza del tamaño de una lenteja de mi padre. Éste me explicó un día que todos aquellos con los que aparecía en las imágenes eran desconocidos, pero no porque hubiera olvidado sus nombres, sino porque no eran amigos: solo se habían reunido para hacerse la foto ya que, como el fotógrafo cobraba por placa, cuanta más gente se juntara, al repartirse entre todos el gasto, la copia salía más barata. Pues así he escrito este libro y he reunido los textos que lo componen: como si fuera una de aquellas cajas donde las fotos se amontonaban sin ningún orden o como aquellos jóvenes festejando alguna romería que se apretujaban frente al fotógrafo. Recuerdo una tienda de ropa para "modernos" que había a mediados de los ochenta cerca de la Plaza Mayor de Madrid –tal vez en la calle Imperial o en la calle Lechuga, ahora no podría precisarlo- en la que una vez entré a preguntar por una chaqueta de aquellas en las que en cada hombrera podría aterrizar un helicóptero. Nunca he olvidado el desparpajo del dependiente que me comentó con entusiasmo que aquella ropa era *moda desestructurada diseñada en Düsseldorf*. Aquello me hizo una gracia enorme porque seguro que en realidad las prendas se habían confeccionado en algún taller de un pueblo perdido de Toledo, pero aquella referencia a Düsseldorf me fascinó; en primer lugar, porque nunca había escuchado nada que relacionase a esa ciudad alemana con la moda, pero además aquella unión de lo desestructurado y lo alemán me pareció una paradoja extraordinaria porque asociaba y asocio lo alemán precisamente a lo contrario: a lo estructurado, al orden. Si cuento esto es porque, siendo consciente de que este libro es desestructurado, quiero pensar que está diseñado con un rigor teutón, que lo he escrito en Corvera –el pequeño pueblo en el que vivo –pero a la manera *düseldorfiana*, si tal palabra existe. Y creo que pasa con él lo mismo que con las deyecciones de las palomas, que, si no prestamos mucha atención, parecería que caen en todos lados sin ton ni son, cuando si nos fijamos bien comprobaremos que defecan con una intención, con una precisión milimétrica y los excrementos aterrizan casi siempre sobre las cabezas de las estatuas y –mucho me temo– sobre las de los calvos o también sobre todo aquel que estrene chaqueta. Este libro, como esas cagadas, pretende ser por tanto uno de esos casos en los que el desorden no es sino una forma oculta de orden. El ejemplo de Velázquez está feo, porque todo lo bueno que es él pintando lo soy yo malo escribiendo, pero, por añadir una última comparación, cuando miramos uno de sus cuadros de cerca, es asombroso el aparente descuido y caos con el que están dadas las pinceladas. Solo al alejarnos y mirar el cuadro desde una cierta distancia se descubre el milagro con el que ha sido depositado en el lienzo cada punto de color para hacer aparecer ante nosotros a una persona de carne y hueso, tan real que parece estar a punto de escaparse del cuadro. Yo soy un simple aficionado a la tecla pero querría también que hubiera algo de esa magia en este pequeño libro y que al alejarnos un poco de él se pudiera ver con cierta nitidez el retrato de mi amor por los libros. Porque éste es el tema de este *Mundo libresco*: el amor a los libros... El amor a comprarlos, a tenerlos, a leerlos, a pasearlos, a escribirlos, a editarlos...

Como soy consciente de que este pequeño libro es un cajón, más que de sastre, de *desastre,* he querido agrupar los textos en algunos capítulos para ordenar un poco esta leonera. El primero, tras este prólogo, recoge algunos ejemplos de los textos que leí en algunas presentaciones de libros que, al revisarlos años después para armar este, me han parecido tan extraños como reveladores de mi idea de lo que es ser editor. Tras él hablo de las bibliotecas, de mi pasión por comprar y tener libros. Le sigue un capítulo –*"De todo un poco"*– en el que, ya lo dice su título, he metido un popurrí de textos sobre lecturas de libros, cosas escuchadas, e incluso el boceto de un pastiche sobre aliens y guerreros medievales. El último capítulo recoge algunos informes de ventas y reflexiones que escribí en mi caseta durante varias ediciones de las Ferias del libro de Murcia y Cartagena.

En los banquetes de bodas –y en estos tiempos locos incluso en los de las comuniones– se suele servir un sorbete de limón entre los platos principales –el de carne y el de pescado– según parece para limpiar el paladar. Me gustaría pensar en este *Mundo libresco* como eso: como el sorbete que nos abre el apetito para leer un gran libro tras acabar otro. Como una especie de intermedio para recuperar fuerzas; algo sin mucha importancia pero que nos ayuda a seguir disfrutando de la comida, de las risas y, en general, de la vida.

II. TEXTOS DE PRESENTACIONES

Texto leído el 1 de octubre de 2021 en el Paraninfo de la Universidad de Zaragoza en la presentación de *Días en Nueva York y otras noches* de Fernando Sanmartín

Me gustaría en primer lugar dar las gracias a la Universidad de Zaragoza por la cesión de este espacio tan bonito que nos acoge. Querría también agradecer la generosidad de Pepe Melero por presentar el libro, la de Fernando por no importarle publicar en una editorial tan modesta como la mía y la de Raúl Uxón, de la editorial Xordica –su editor habitual–, por haber consentido este desliz. Y, por supuesto, gracias a todos de verdad por estar aquí acompañándonos esta tarde. Como del libro en sí hablarán Pepe y Fernando, no quiero extenderme demasiado y tan solo voy a contar un par de anécdotas que posiblemente expliquen mi profunda admiración por la obra de Fernando Sanmartín: hablaré de mi visita a la casa de Juan Ramón Jiménez en Moguer y de lo que me pasó cuando me acosté con una chica que tenía un corazón artificial.

Hará unos treinta años que, como quien va peregrino a Santiago, fui a Moguer a conocer la casa de Juan Ramón.

No sé ahora, pero entonces era obligatorio hacerlo en grupo, en una visita guiada que terminaba en el dormitorio. Allí la guía nos soltó un discurso en el que explicó que aunque el poeta tenía mal carácter y era un quejica, en el fondo era buena persona y su poesía no era elitista ni rara sino que –él mismo lo había dicho– era para la inmensa mayoría. Al escuchar aquello de la mayoría, como un empollón pedante y acusica yo dije que no, que lo que había dicho era lo contrario: que su poesía era para la inmensa minoría. Se hizo un silencio de piedra y ella con una sonrisa condescendiente contestó con firmeza que no, que mayoría. Tuve miedo de que aquello se convirtiera en una partida de ping pong y me callé. Pero ya en la calle pensé que ella me había ganado tal vez porque había entendido mejor que yo aquel galimatías, y era verdad que Juan Ramón le gusta a casi todo el mundo. Me interesó desde entonces esta imagen de la *inmensa minoría* lectora y le di vueltas y revueltas a aquello. Inmensa es en esas dos palabras –*inmensa minoría*– el adjetivo. No se trata por tanto de que la minoría se transforme en mayoría sino de que la minoría es especial, es una minoría que por algo –tal vez por leer algunos libros y no otros–, de repente se siente inmensa. Yo mismo, por ejemplo, era, y sigo siendo, un tímido solitario instalado –por así decirlo– en los hondos y umbrosos valles de la minoría. Pero el encuentro con determinados autores –y estoy pensando en Fernando Sanmartín– hizo que, aun estando solo no me sintiera solo y como un pez globo me hinchara y me volviese inmenso, indestructible. En su último libro Mauricio Wiesenthal –hablando de Juan Ramón– dice que la disidencia de la popularidad es la base de todo prestigio literario, pero yo no lo veo así. Siempre he escuchado, cuando alguien citaba a Fernando, que es un escritor secreto y también la paradoja de que es un secreto a voces y que en realidad lo lee bastante gente. A mí de hecho con él me pasa lo que creo que le ocurre también a las embarazadas y a la gente que se rompe una pierna y tiene que caminar con muletas: que al salir a la calle se dan cuenta con asombro de que hay en ella un montón de embarazadas o gente con muletas. Como lector de Fernando me sorprende también con cuántos lectores suyos me cruzo en mis paseos. No me preguntéis por qué los reconozco porque de hecho a veces es gente que ni siquiera ha leído aún nada suyo aún, pero en su mirada veo que –aunque no lo sepan– son de los de Sanmartín... Porque sin duda es un escritor para ellos, para la inmensa minoría de los que vagan sin rumbo por los caminos al atardecer. No es este autor –a quien tanto debo y quiero– alguien en la disidencia, que se aleje de los demás, que funde una capilla para los iniciados, para los que están en la pomada o en aquel club donde se tomaban las famosas almendritas saladas de las que habla siempre Trapiello en sus diarios. Los libros de Fernando no te abren la puerta a un cenáculo sino al mundo, a la inmensidad del mundo. Recuerdo una vez que, visitando el monasterio de San José de las Batuecas, que es un desierto carmelitano, al ver una pequeña puerta en un muro del recinto, preguntamos al Prior que dónde daba. Él descorrió el cerrojo y la abrió lentamente. Al mundo –contestó– y vimos a través de ella un bosque maravilloso, montañas, un arroyo… Ahora que lo pienso los libros de Sanmartín, delgados y humildes, se abren como aquella puerta y nos muestran senderos que se pierden en la lejanía.

Pero ¿qué tienen de especial? ¿Qué hace que uno se sienta abrazado por ellos? Me cuesta explicarlo pero para mí tiene que ver con el tiempo, con cómo recogen el tiempo. Sé que este marco comparado con otros donde he presentado libros –porque yo no creo que los marcos sean incomparables– tal vez sea demasiado solemne y académico para hablar de cosas de folleteo pero, con la venia de la Vicerrectora de Cultura y Proyección Social y la de todos ustedes –y sin que sirva de precedente– quiero recordar algo que marcó mi vida y tal vez también mis gustos literarios. Además, como estamos en un ambiente cálido y familiar, pero a la vez –aunque parezca una contradicción– no hay nadie aquí de mi familia, puedo contar que, como confesé al principio, una noche de hace mil años me acosté con una chica que tenía un corazón artificial. No os asustéis no voy a entrar en mucho detalle. Al quitarse la blusa vi una cicatriz vertical en el esternón que me sorprendió. Ella me contó entonces que había tenido un problema grave de corazón y que le habían tenido que implantar unas válvulas mecánicas. No sé si hay algún médico a bordo para confirmarlo pero creo recordar que se llamaba válvula Hardwick o algo así. Escucha –me dijo– y pegué mi oreja a su pecho y oí, lejano pero nítido, un pequeño tic tac tic tac como de reloj que me hizo sentir cuánta verdad hay en aquello de que en realidad estamos hechos de tiempo. Recordé al instante porque yo era ya muy fan de Brines, un poema suyo que me encantaba y se titula "*Con quien haré el amor*" en el que cuenta que vuelve a casa sin conseguir ligar y que, en la desierta luz de la madrugada, se desnuda y en las sombras –dice el verso– "he de yacer con el estéril tiempo". Yo sí que yací con el tiempo, y no es una imagen poética. Porque fue ponernos con el asunto e ir entrando en calor y, como en el cuento de Poe del corazón delator, aquel corazón tuneado que al principio había tenido que auscultar en lo profundo del cuerpo fue haciéndose cada vez más y más audible hasta que el tic tac se podía escuchar con fuerza –perfectamente– incluso por encima del crujir del somier inundando toda la habitación. Fue un momento extraordinario, que me hizo llenarme hasta los bordes de ternura por la fragilidad de la vida. Pero no fue aquel un orgasmo elegíaco o tristón del *somos tiempo breve que se escapa como el agua río abajo*, sino fue el del *abrázame ahora –entre el tic y el tac–*, el del *bésame mientras suena, mientras ruge el mundo*. Evidentemente tuve miedo de que aquel dispositivo hiciera catacrok y nos cubriera el silencio. Pero no... Funcionó, y de tal modo que desde entonces siempre escucho aquel tic tac. Me acompaña cuando me junto con buenos amigos, cuando camino por la montaña, cuando me río... Ahora mismo suena aquí, en esta sala, suavemente casi como el ronronear de un gato. Tal vez por eso edito libros de memorias y diarios de viaje: para seguir escuchándolo. Hay escritores que hablan del tiempo en sus libros de tal modo que parece que lo hicieran del tiempo meteorológico y que nos hubiéramos encontrado con ellos en un ascensor. En otros suena tramposo e inverosímil como en las novelas de García Márquez en las que los personajes parece que vivieran doscientos años. En la mayoría de esos textos el tiempo es igual que una pizza en el fondo de la nevera de la sección de congelados, rígido y frío como un muerto. Pero en los libros de Fernando late con la fuerza y el calor de un corazón desbocado que no quisiera detenerse nunca. Hay algo en ellos, en su pequeñez, que es a la vez inmensidad. Algo en su capacidad para hacernos escuchar el tiempo, al igual que algunas caracolas las olas del mar, que me resulta casi un milagro y me ha llevado a consultar la Wikipedia -me da vergüenza confesarlo– para saber cuál fue el que hizo San Martín –el santo, no nuestro escritor- para que le canonizaran. Leo que hace 1684 años, en el invierno del 337, vio a un mendigo temblando de frío a las puertas de Amiens y, para que se abrigase partió su capa y le cedió la mitad.

¿Y acaso no es esto mismo –arroparnos– lo que hace Fernando en sus libros? Leo en la portada Fernando Sanmartín, y ese nombre se ajusta a mis hombros como una capa cálida. Mejor aún, como un nórdico liviano pero de los buenos –no de los de *Ikea*-- bajo el que uno pudiera cobijarse mientras afuera cae la nieve y, poco a poco, se hace de noche.

Muchas gracias y perdón por haber leído este texto tan raro.

Os dejo ya con Pepe Melero.

■

Texto leído el 7 de abril de 2022 en el Museo Ramón Gaya de Murcia en la presentación de *Crónicas a contrapelo* de Cristina Guirao

El 22 de septiembre del 2015 –hace siete años– Cristina Morano, Cristina Guirao y yo mismo estábamos sentados en una mesa muy parecida a ésta en la que estamos esta tarde presentando el primer libro de Newcastle Ediciones. Tengo la cabeza fatal y a veces no sé ni dónde he aparcado el coche y me toca recorrer las calles donde creo que lo dejé dándole al mando de abrir las puertas con la esperanza de que se enciendan las luces del Twingo en la lejanía. En cierto sentido la vida es esto: una lucha contra el olvido y la búsqueda de la luz. Si recuerdo lo que hice hace ya casi siete años es por el recorte de la noticia del periódico *La Verdad* en el que se recogió que aquella tarde se presentaba una nueva editorial que iniciaba su andadura con el libro *Hazañas de los malos tiempos* de Cristina Morano. En la fotografía que ilustra la noticia se ve a las dos Cristinas riéndose, detenidas en ese gesto hasta la eternidad. No sé qué tontería estaría diciendo que las hizo reír, tal vez fue aquello de que, aunque era una editorial murciana, para mí la imagen del infierno era la sección de libros murcianos de la librería de El Corte Inglés llena de volúmenes cuyas portadas eran más recargadas y brillantes que el traje de boda de una novia gitana. Y hablando de bodas, recuerdo que a la muerte de mi padre, mi hermano Fernando observando las tres fotografías de las de nuestros padres–la ordinaria, la de plata y las de oro– comentó que había en ellas algo milagroso y no era solo el amor que desprendían aquellas imágenes sino –señaló– la calva de don Sebastián, el cura que había oficiado las tres bodas. En la primera era un sacerdote jovencísimo, como los novios, a los que había recasado 25 y 50 años después. Examinamos las tres fotos casi al modo detectivesco, solo nos faltó la lupa: en la primera don Sebastián ya apuntaba una calvicie incipiente con grandes entradas y la coronilla clareando como los bosques del Amazonas que pierden verdor. Lo sorprendente es que 25 años después mantenía las entradas y los cuatro pelillos en lo alto pero no había ido a más la deforestación, y en las bodas de oro no era –como sería lo lógico– un cráneo pelado modelo bombilla sino que resistían exactamente los mismos pelos que tenía en su lejana juventud. Por resumir: don Sebastián llevaba cincuenta años quedándose calvo sin quedarse. La suya era una pesudocalvicie, por decirlo así, inmortal, eterna, detenida en el tiempo... Quiero soñar que pasará igual con las risas de esa fotografía de hace ya seis años, seis meses y quince días. Que si nos hicieran otra ahora mismo, las dos Cristinas –quienes por cierto parecen haber escapado también milagrosamente del desgaste de los años– aparecerían también sonrientes. Porque aunque aquí no hay anillos, sí hay celebración, ya que presentar un libro tiene algo sacramental. Es un bautizo y a la vez una declaración de amor. Es compartir una alegría, reunir a la familia, acunar algo muy pequeño...

Me pidió Rafael Fuster –el director de este museo– que hablase en este acto, que abre de alguna manera un ciclo sobre editoriales murcianas, de mi amor por los libros. Y no sé qué decir, o al menos no sé qué características especiales diferencian el amor a los libros de otros amores: el amor a la pareja, a los hijastros, a los gatos calentitos bajo el edredón en las noches de invierno, el amor a los paseos por los bosques, al café y a los pinchos de tortilla con cebolla, el amor y la añoranza a los padres, al canto de los grillos y al de los pájaros, al mar y, más específicamente, a las praderas del fondo del mar. El amor a todas esas cosas frágiles que el tiempo siempre quiere quitarnos y que uno querría abrazar eternamente y que, como los cuatro pelos del cráneo de don Sebastián, resistiesen a todos los inviernos y las tormentas.

A lo mejor, por aventurar algo, amar los libros es tener esperanza en que la vida es eterna, en que hay vida tras la vida, como hay pelos que no se caen nunca. Esta mañana me ha impresionado un post de una amiga de Facebook que decía tan solo que no quería que pasasen los años porque su gato ya es viejo –y ponía la foto del gato–. Y he recordado al leerla y al ver la carusa del minino aquella primera vez que leí de niño *Platero y yo* y en lo que lloré al llegar al capítulo en el que palma el pobre porque ha comido no sé qué hierbajos. Yo también quise entonces detener el tiempo y que los años no pasasen, y para consolarme, recuerdo que volvía unas páginas atrás y releía una y otra vez los capítulos en los que Platero aún corría por los prados caracoleando de alegría. Porque la gente o los burros que mueren en los libros son vampiros que resucitan al caer en otras manos, bajo otras miradas y otra luz. En los libros las lágrimas, las risas, los besos o las cabelleras –incluso en los libros que tratan sobre el salvaje Oeste en los que se arrancan cabelleras– se mantienen milagrosamente vivos y conservados como los tiburones del Ártico o el presentador de *Saber y Ganar*. Amar los libros es amar la vida, es intentar que lo bueno dure un poco más, que no sea tan breve. Es guardar en sus páginas el tiempo como guardaban nuestras abuelas las fotografías en cajas de galletas. Para cogerlos cuando tengamos hambre de tiempo, para refugiarnos cuando los días se aceleren y se nos escapen y queramos remansarnos en el silencio.

Hace ya seis años, seis meses y quince días, y parece que fue ayer, edité el primer libro –*Hazañas de los malos tiempos*–, un texto extraordinario de Cristina Morano que trata de cómo sobrevivir a la tristeza –que posiblemente sea el tema de muchos de los libros que he publicado–. Años después edité el mío *Lo que lee un editor* y ahora estamos aquí –28 libros después– cerrando el círculo con estas *Crónicas a contrapelo* de Cristina Guirao. Los tres de aquella lejana mesa ya estamos hechos libros. Según parece en esta generación vamos a conocer los avances científicos que harán posible que la esperanza de vida media de los humanos no sea de ochenta sino de ciento cincuenta años. Vamos, que –mucho me temo–aún nos tendréis que soportar otros centenares de presentaciones como ésta. Pero ni siquiera podréis libraros de nosotros cuando muramos y seamos ceniza, huesos, colgante de diamante sintético, abono para un árbol o lo que sea que hagan con los fiambres en esos inicios del siglo XXII: estaremos los tres en una estantería pacientemente esperándoos o esperando a vuestros hijos o nietos: estarán aquellos días tristes y sin dinero de Cristina Morano, aquellas tardes mías leyendo y a la vez pasándole la mano a mi gata por el lomo y allí también estas crónicas y viajes de Cristina Guirao, esos paseos por Toledo, por París, por Nápoles...

Como dije cuando conté que a veces las paso canutas para recordar dónde tengo aparcado el coche, la vida es una lucha contra el olvido y una búsqueda de la luz, y los libros sirven para las dos cosas. Ir con un libro en la mano es como ir con el mando de un coche, es buscar una luz que nos permita viajar.

Tal vez edito solo libros de memorias y de viajes porque me interesa esta relación entre el estar y el partir. Y a lo mejor también porque mi padre fue viajante y por eso no me gusta viajar. Era representante de las mejores casas: ropa interior Abanderado, jerseys Dusen, sábanas Burrito Blanco. Solo estaba en casa una semana al mes. Yo era, por decirlo así, huérfano parcial de padre. Aunque vivíamos en Plasencia, en Extremadura, le había tocado recorrer con su Renault *cuatro latas* el Levante: Alicante y Murcia. Cuando estaba en Plasencia, como la piedra que Sísifo arrastraba montaña arriba en su condena, las maletas con los muestrarios llenas de calzoncillos y sábanas, paradas en el pasillo cerca de la puerta obstinadamente –como un rebaño de ovejas– le recordaban que pronto debía de nuevo partir de viaje. Él que solo hubiera querido quedarse en casa.... Una vez, siendo muy niño, me llevó a conocer el mar a Alicante porque no lo había visto nunca. Por la tarde al pie de la arena de la playa de San Juan, al acabar las visitas a las tiendas, me preguntó qué quería hacer –si bañarnos o qué– y años después aún recordaba riéndose que yo dije que regresar al pueblo. Que lo que quería era volver corriendo a Plasencia para contar a los amigos –que nunca lo habían visto– cómo era el mar, a qué olía. A lo mejor con los genes no solo se transmite lo de ser o no calvo sino también lo de ser o no ser viajero, porque todos los hermanos hemos salido así: no nos entusiasma viajar, nos gusta volver a casa como a nuestro padre. Somos de los que pensamos que el mejor momento del viaje es aquel en el que metemos la llave de casa en la cerradura a la vuelta, la giramos y la puerta se abre porque no hay dentro okupas y, sentados en la taza del váter, pensamos aquello de que como en casa en ningún lado. Pero a la vez, a lo mejor por haber estado siempre a la espera de ese padre que como Ulises estaba perdido en sus viajes, siempre tuvimos la paciencia de la espera y el deseo de querer saber qué había más allá, en aquellas ciudades lejanas que mi padre nombraba y que a mí me sonaban a reinos secretos, como Samarcanda o Shangri-La: Mazarrón, Lorca, Orihuela, Alcoy, Novelda, Petrer...

Quiero terminar este texto tan extraño –tan a contrapelo– sobre el amor a los libros, la memoria y los viajes recordando dos cosas que siempre me contaba mi madre. La primera –me confesó– es que lo que le había gustado de mi padre la primera que lo vio cuando él procesionó aquel Corpus Christi del año en que ella cumplió 21 años era que tenía un culo precioso. No lo ha perdido, sigue igual de guapo –me decía totalmente convencida décadas después cuando era evidente que sí que lo había perdido totalmente–. Pero había algo en la mirada de mi madre que la hacía inmune a la observación de la evidente disminución del musculo nalgal. Como si en sus ojos estuviera fija la estampa de aquel joven trajeado y con una flor blanca en el ojal de la chaqueta. Solo ahora que yo tampoco estoy para presumir mucho de culo y veo las cosas con la perspectiva de los años me doy cuenta de que esa imagen de juventud eterna –como los pelos de don Sebastián– resistente al olvido, tenía que ver con la otra cosa que también repetía siempre mi madre. Para mí tu padre es un libro abierto –decía–. No tenía ni que hablar para que mi madre supiera ya de qué iba a hacerlo. Un libro abierto y leído en la juventud. Con la intensidad de esas cosas que una vez leídas guardamos dentro de nosotros para siempre; porque las personas, como los libros, se abren, se leen, se acarician, se entienden, se adivinan...

Ya termino. Cuando uno habla del amor a los libros puede comenzar haciéndolo de la calva de un cura y acabar elogiando el trasero de un padre porque la lectura y los libros también son eso: el bamboleo melancólico de la infancia al presente, de lo recordado a lo soñado, de acá para allá. Por eso es bonito que el libro de Cristina Guirao acabe con un capítulo dedicado a la libreta marca Harley en la que escribió sus textos. Hay una cierta justicia poética en que sus palabras nacieran en un papel que es también una marca de motos, como si nos invitasen a subirnos a ellas para ir lejos con todo el tiempo del mundo por delante. Porque lo maravilloso de las Harleys es que no corren, que son muy lentas. Viajar y leer como si viviéramos para siempre.

∎

Texto leído el 2 de octubre de 2024 en el Museo Ramón Gaya en la presentación del número 2 de la Revista Murciana de letras, un monográfico dedicado a bibliotecas y librerías

Si comenzara diciendo que estoy *solo* presentando una revista, estaría, dada la ambigüedad de la frase, diciendo a la vez una verdad y una mentira. Porque es cierto que estoy solo en esta mesa –a no ser que aquí a mi lado haya alguna presencia espectral acompañándome–, pero no estoy solo –únicamente– presentando una revista sino que también voy a hacer una confesión que explicará, además de la revista, todo el proyecto de New-castle Ediciones. Creo que el público que se toma la molestia de venir a un acto tan veterotestamentario como una presentación se merece un tratamiento *premium* y debe recibir algo que los que no han venido no consigan -aunque compren y lean luego el libro o revista-. Y este texto confesional es ese plus.

Debo, antes de que se me olvide, agradecer a Rafael Fuster su generosidad al permitirme presentar aquí la revista. Soy un especialista en decepcionar a los demás y mucho me temo que va a ser una decepción para él escuchar que lo que me gusta de este espacio no es que contenga el legado material o espiritual de Ramón Gaya, sino algo tan sencillo como que es un sitio pequeño. Me da la sensación de que aquí la soledad –este estar solo– no se nota tanto como lo haría en otros espacios más amplios. Que en esta especie de osera o guarida, uno está –como decía mi madre– más arrecogido. Que se disimula más la extraordinaria anomalía de presentar algo y que en la mesa esté uno solo, como un filete sin ninguna guarnición, ni de patatas fritas ni de verduras.

Porque en lugar de esta austeridad casi franciscana, todos hemos visto mesas de presentación que parecen la de "*La última cena*" de Leonardo Da Vinci o la de ese banquete de los dioses que se paseó por el Sena en la inauguración de las olimpiadas de París en la que había gente haciendo cosas raras... Mesas a las que no solo se sienta el presentador y el autor, sino otro encargado de presentar al presentador y, a veces, de pie en un atril, alguien más que introduce a ese presentador del presentador y disculpa de paso al concejal de cultura que no ha podido, asistir –nunca pueden–. Estas mesas infinitas a veces provocan el curioso pero no infrecuente caso de que haya más gente en la mesa que asistentes al acto. Yo mismo protagonicé este fenómeno en un lugar de cuyo nombre no quiero acordarme cercano a las Torres de Cotillas. Arriba el autor Miguel Ángel Hernández y yo mismo como presentador, acompañados del que se encargaba de la cosa cultural en aquel lugar y, abajo en una sala de doscientas butacas, dos personas: la novia del de cultura y uno que luego nos contaron que era el raro de aquella pedanía. Aquel día ganamos 3 a 2, esta tarde sin embargo, estoy aquí en minoría absoluta –solo–, como en esos videos de *Youtube* con fondo de música tristísima en los que un niño frente a su tarta celebra el cumpleaños y nadie ha ido a su fiesta. Así estoy: sin nadie a mi lado para ayudarme a soplar las velas. Y recuerdo con envidia en este momento algunas imágenes de presentaciones de libros de la editorial Gollarín de Paco Marín –el magnífico presidente del Gremio de Editores de la Región de Murcia– con siete u ocho presentadores en la mesa frente a un mar de personas, cientos –a mis ojos casi miles– sentadas en la plaza de algún pueblo en sillas de plástico, casi como si fueran las fiestas de la Virgen del lugar o una verbena, mientras que cuando yo presenté aquí mismo mi libro *Lo que lee un editor* estábamos trece personas que parecíamos los apóstoles cenando con Jesús en el huerto de Getsemaní. Pero añadiré más: si estar solo en esta mesa es extraño, lo que verdaderamente lo hace digno de Iker Jiménez es que sea presentando una revista, cuando las revistas siempre han sido lo contrario: la celebración de la amistad, la fiesta del encuentro. Prácticamente todas nacidas en cafés, en charlas nocturnas en bares de copas o en las aulas donde se reúne un grupo de jóvenes poetas o escritores que sueñan juntos un proyecto al que, en reuniones interminables como aquellas asambleas del 15M, van dando forma y contenido. Por poner un ejemplo cercano: aquí en Murcia tenemos al *Colectivo Iletrados*, seis amigos que se conocieron estudiando filología siendo unos chiquillos y que aún hoy, más de dos décadas después, cuando creo que ya todos son profesores de instituto, siguen haciendo una vez al año un fanzine literario –*El manifiesto azul*–. Sin embargo yo he hecho la revista solo, porque aunque mi gata Misha aparece como secretaria de redacción, la verdad es que no ha dado ni un palo al agua y se ha dedicado sistemáticamente a dormir, comer y visitar el arenero. Pero tal vez la he puesto ahí en los créditos de la revista para disimular mi vergonzosa soledad, mi estructural soledad. Porque –debo confesarlo, ya que este texto es de carácter confesional– soy una persona con enormes dificultades para relacionarme. Alguien disfuncional que no sabe, nunca supo, saltar el muro que le separaba de los demás y no se trataba solo de timidez, que es algo que hasta podría tener su encanto. No querría darle a esto el tono quejumbroso que tenía *Calimero*, aquel pollo de dibujos animados que se quejaba siempre de que, por ser un pollo negro, nadie le quería (en realidad no era negro, solo se había caído de pequeño en un charco de barro oscuro). No es mi caso: soy yo el que no sabe ser querido, el que no sabe qué hacer con el cariño o la amistad. De niño la invisibilidad y el mutismo fueron la norma de mi vida. No hablé hasta los cuatro años y mi madre me llevó al pediatra varias veces preocupada de que yo fuera –como se decía en aquella época– un retrasado. Solo contestaba con monosílabos, con síes o noes... y el médico que me examinó diagnosticó que, si podía decir sí y no, podría decir cualquier cosa, pero que simplemente no quería. No sé, no recuerdo nada de aquello que me contaron muchos años después, pero sospecho que no es que no quisiera sino que, tal vez, no podía. Un día comencé a hablar pero tampoco es que fuera el rey del mambo de la conversación. Podría recordar perfectamente mil ejemplos de mi torpe desempeño como orador, como una tarde de la primera adolescencia en la que los seis chicos y las seis chicas de la pandilla –en la que había sido acogido como ese invitado que nadie sabe muy bien quién es pero está en la boda– quedamos a las cinco en el parque de la rana, junto a la fuente. Llegué puntual y, horrorizado, vi que estaban las seis chavalas –Mari Loli, Lourdes, Isabel, todas– pero ninguno de mis amigos. Al día siguiente me enteré de que a unos los habían castigado sin salir y otros habían caído malos con gripe... Total, que estuve allí callado y plantado como un poste de la luz mientras las chicas se quejaban de que no había ido ninguno y se preguntaban dónde estaban todos, mientras a través de mí –como si fuera un cristal transparente o un fantasma– miraban a ver si por la avenida se acercaba alguno de aquellos ausentes. No es solo una anécdota de un día que para mí fue un suplicio y para cualquiera sería un sueño –verse en medio del mujerío como un sultán en el harén–. Cada día, durante años, fue aquel día. Con el tiempo me atreví a saltar el muro que me separaba de los demás solo para darme cuenta de que al otro lado no había nadie esperándome, ni ninguna fiesta como la que montaron los alemanes del oeste esperando a sus hermanos del este al caer el de Berlín. Al otro lado solo se extendía el desierto. Comprendí entonces que la timidez aparentemente superada en raptos, como nos suele pasar a los tímidos, de exhibicionismo y palabrería, era solo la capa primera de algo mucho más profundo. Me parezco en el carácter muchísimo a mi padre y he pensado estos días en él y en ese sitio en lo alto de la montaña en el que dejamos sus cenizas. Y he vuelto a mirar algunas viejas fotografías –porque tenemos muchas– en las que estamos coronando alguna cumbre. Fotografías de algunas excursiones con grupos de montañeros en las que, todos abrazados, posan como un único cuerpo cansado y feliz. En la cima del Aneto o del Posets, en la de la Madaleta, en la del Almanzor... Y en ninguna está mi padre porque él no sabía hacerse piña, sumarse a aquella montonera que celebraba el haber llegado arriba. Él prefería ser el que hace las fotos, el que se aleja de los demás para que todos entren en el encuadre. Y tal vez esa cámara que tantas veces tuvo en sus manos sea la que invisible tenga yo siempre en las mías. Alejándome, siendo el que mira a través de una lente. Y aquí estoy solo en la mesa, como estoy solo en la pedanía en la que vivo más allá del puerto de La Cadena casi como un exiliado. Nunca me veréis en una fiesta porque no sé estar en las fiestas, no sé dónde ponerme sin sentir que molesto, como esos jarrones o esculturas feas que a uno le regalan cuando se casa y no sabe dónde colocarlas para que se vean lo menos posible. Nunca he ido a la fiesta del Rendibú, ni a las galas de los premios Alfonso X el sabio o la de la asociación *Hay un tigre detrás de ti*. No fui invitado –afortunadamente– a la recepción que dio en el aeropuerto el diario *La Opinión* para 1500 personas del mundo de la cultura murciana. Como en aquella tarde lejana del parque de la rana sigo siendo invisible. Y no solo personal, sino también profesionalmente porque las veces que me he presentado a alguna convocatoria del ayuntamiento para hacer algún proyecto no me han seleccionado, ni el Instituto de las Industrias Culturales que el año pasado aprobó dar una ayuda de 79 598 € de los fondos *Next Generation* a otros para hacer sus exposiciones consideró conveniente darme ni un euro para que yo hiciera algunos pequeños libros. Pero si cuento esto no es porque me dé envidia esa pasta, porque no me llamen de ningún sitio ni me admitan en la cuerda de las *Next Generations* –que en español suena muy pepero: las *Nuevas Generaciones*– o por no estar en esos saraos multitudinarios, sino porque me produce asombro la felicidad con la que este verano he paseado cada amanecer por los bosques de la sierra de Carrascoy, sin gastar un euro ni ir de viaje a ningún sitio para ahorrar y poder hacer esta revista que hoy se presenta. No me parece raro, sino totalmente lógico que, por volver al ejemplo del *Colectivo Iletrados*, seis profesores de instituto que suman de sueldo unos 14 400 euros al mes hagan un fanzine precioso pero fotocopiado y yo –que soy un simple administrativo grupo C– una revista de 468 páginas. Es normal porque yo debo más. Ellos comen de sus clases de literatura, pero yo, además de comer también –porque trabajo en una biblioteca– vivo y respiro gracias a los libros y, por lo tanto mi deuda con los papeles es mayor, casi infinita... Y por eso debo devolver más, ya que he recibido tanto... Porque durante décadas fui alguien que cuando llegaba a algún sitio no se notaba mi llegada, ni luego que estuviera presente, o mi ausencia al marcharme. Y ahora que lo pienso, lo he escrito en pasado pero a lo mejor debería hacerlo también en presente. Me sentía como una bicicleta sin ruedas o un avión sin alas... Pero sin embargo, casi como un milagro, he rodado lejos carretera adelante y he volado entre nubes porque, por los azares del destino, un día, siendo aún un niño, llegaron a mi vida los libros e hicieron de mí un disfuncional que funciona, un solitario siempre acompañado... En aquellos años, como éramos muy humildes, para ahorrar electricidad de noche había que apagar pronto la luz de la mesilla. Pero recuerdo hacerme una especie de iglú bajo las sábanas y allí alumbrándome con una linterna leer mis primeros libros. Afuera la noche y el mundo inhóspitos, casi como una tormenta de nieve en el Ártico, mientras allí cobijado, arrimándome al fuego de la lectura, mi cuerpo antes transparente como una botella de cristal se fue llenando de las palabras de toda aquella gente escondida en los libros con la que comencé una conversación interminable. No me curaron los libros, pero aprendí a encontrar en ellos un espacio donde refugiarme cuando arreciaba el frío del invierno. Ellos me esperaban en casa, estaban ahí siempre de buen humor. Tengo la sensación de que si soy una persona razonablemente feliz es porque nunca se derrumbó ese iglú de sábanas que construí de niño. Cuando he contado en alguna entrevista que Newcastle Ediciones no publica novelas sino solo memorias o diarios porque quería especializarme estaba mintiendo, hoy lo confieso. La verdad es que edito vidas porque es mi forma de acercarme a los demás, a la vida. Cuando este verano iban entrando en mi email los artículos de esta revista sentía como si llegaran a casa invitados a una fiesta. Porque en el fondo quien lee nunca está solo del todo, siempre está, como Isabel Preysler, recibiendo gente y haciendo pirámides doradas de Ferreros Rocher.

Pero no quiero engañar a nadie: leer –ya lo he dicho– no cura de nada: no va a hacer que yo sea quien no soy, que tenga el mundo ahí al alcance de la mano, que me sea sencillo abrazar... Pero sí hará que pueda sobrevivir pese a las heridas, correr pese a la cojera y disfrutar cosa mala sintiendo la compañía de todas esas voces silenciosas de mi biblioteca. Ya termino –perdón por lo extenso de este texto–: los que me conocéis sabéis que siempre voy con un libro en la mano. Antes salgo de casa vistiendo únicamente un tanga de leopardo que salir sin libro. Pero quiero intentar ser preciso: en realidad no voy con un libro sino agarrado a un libro como van los niños muy pequeños al dar sus primeros pasos agarrados a la mano de su madre al comenzar a explorar el mundo. Esa mano que les da la confianza para no caerse.

Quiero traer aquí una última imagen que creo que puede ayudar a explicar el porqué de esta revista y de la editorial. *Bob Esponja*, una serie extraordinaria, se desarrolla en una ciudad submarina –Fondo de Bikini–. Allí se suceden las aventuras de Bob, que es una esponja, de su amigo Patricio –una estrella de mar– y de otros personajes fabulosos como don Cangrejo, el dueño de la hamburguesería donde trabaja Bob Esponja preparando las burger cangreburguer –extraña hamburguesa siendo el dueño un cangrejo, lo que hace de ese local un restaurante caníbal–. En la serie hay peces, calamares, la hija de don Cangrejo que, no preguntéis cómo o por qué, es una ballena... Pero si hay un personaje extraordinario en ese mundo submarino es Arenita, una ardilla normal y corriente que vive allí en el fondo del mar dentro de una campana de cristal en la que crece incluso un árbol. Una ardilla en la profundidad de las aguas. A veces he pensado en cuánto me parezco a ella, en cómo también he construido una campana –en mi caso hecha de libros– no para aislarme del mundo, sino todo lo contrario, para poder respirar y vivir cerca de los demás.

Muchas gracias por escucharme.

■

III. SOBRE BIBLIOTECAS

La primera biblioteca

Hace muchos años, cuando andaba en la treintena, me casé y nos compramos un piso en las afueras de Cáceres cerca de la estación de tren. Por eso, en las madrugadas, se escuchaba desde la cama el pitido del Lusitania que desde Madrid llevaba a Lisboa y uno, arrebujado en lo calentito bajo el nórdico, imaginaba a los viajeros perdiéndose hacia la lejanía. Dediqué una habitación a la biblioteca y yo mismo fabriqué unas estanterías que, del suelo al techo, cubrían todas las paredes excepto una en la que una ventana daba a la calle. Tenía un sillón bastante cómodo y una lámpara de pie de latón dorado con pantalla de tela plisada y luz levemente amarillenta que le daba a aquel espacio un aire extraño, antiguo y delicado. Como si fuera una especie de caja de música en la que yo fuera la figurita. Pasé en aquel cuarto horas de extraordinaria felicidad reuniendo y leyendo mis primeras ediciones de Azorín o Cunqueiro. Recuerdo el olor de los libros y el silencio que cubría todo cuando me daban las tantas enfrascado en algún libro. Hice pintar en el techo nubes y unas golondrinas alejándose, tal vez porque cuando estaba allí me sentía en realidad como si estuviera recorriendo el mundo.

Cuando esté hecho una mojama a punto de palmar miraré hacia atrás –hacia este suspiro que llamamos vida– y sé que además de lo típico –los besos, las noches abrazando a alguien o lo bonito que es ver cómo crecen los niños– recordaré aquel cielo inmóvil en un atardecer eterno, aquellas golondrinas detenidas y aquel olor –que casi me bebía– de mis primeros libros viejos.

Por mi timidez podría haber sido un infeliz, siempre solo... Gracias, vida, por haberme dado este regalo de los libros.

∎

Dos Bibliotecas Josefinas

Este mediodía volviendo a casa he escuchado en la radio del coche al padre carmelita descalzo don Teófanes Egido disertando sobre el Centro Josefino Español. Para ser sincero, desconocía totalmente la existencia de este centro ubicado en el convento de San Benito de Valladolid dedicado íntegramente a los estudios josefinos que cuenta con una importante biblioteca especializada y publica dos revistas científicas muy rigurosas con las novedades en la investigación en este campo. Ha ido don Teófanes desgranando con muchísimo detalle los avatares de esta figura de San José, tan importante en la Biblia como ignorada en la liturgia, y de paso ha ido soltando pullitas a la Comisión Litúrgica Vaticana que en estas últimas décadas le ha eliminado como uno de los Padres de la Iglesia. Vamos, que le han ninguneado de cojones pese a que –ha contado– el Papa Francisco I es muy fan de San José –mejor dicho, devoto– hasta el punto de que lo cita numerosas veces en su encíclica *Pater Cordis* y de que tiene en la mesa de su despacho una figura del santo acostado echándose una siesta. Según me he enterado gracias a Don Teófanes, cuando al Papa le pasan un marrón, coge el legajo o el papelorio y los deja algún tiempo en la mesa bajo esa figura reposando mientras piensa sobre ellos y toma una decisión. Que se ve que al Papa, como le pasaba a Rajoy, le va el rollo de poner a dormir los problemas... Pero no quería hablar de eso, sino del Centro Josefino Español. Yo volvía a casa canino, muerto de hambre y con el run run de mis cosas: pensando en qué iba a hacerme de comer, en los libros que tengo que mandar, en ir mañana a bañarme a la playa, en lo que me flipa la gente que paga 165 euros por una camiseta de Lionel Messi, en que iba a hacerme socio de una protectora de gatos... En fin en todas esas cosas poco importantes pero bonitas de las que está hecho el día a día y, de repente, he escuchado las palabras Centro Josefino Español y ha sido como si me asomara a la boca de una gruta y me llegara de dentro un aire frío y misterioso, proveniente de mundos perdidos y desconocidos. Nos maravilla que en nuestro planeta haya cientos de miles de insectos diferentes, cuando lo que realmente es extraordinaria es la variedad del personal humano: unos gritando como caníbales que pidieran de cenar ¡Messi, Messi! y otros –como el padre Teófanes– en la soledad y el silencio del Centro Josefino rodeado de 15 000 libros.

Me he enterado de que ya no es correcto llamar padre putativo a San José porque fue un padre enrollado y también de que hubo otro Centro Josefino en Vancouver en Canadá, con una biblioteca también magnífica, pero que tuvo que cerrar (imagino que porque allí no había un Teófanes al mando del timón que aguantara firme los desplantes de una sociedad cada vez menos interesada por los temas josefinos). Este mediodía, al conocer la existencia de estas dos bibliotecas, una tristemente fallecida pero la otra aún viva y coleando, el mundo se ha hecho un poco más grande para mí... Como cuando, al llegar a lo alto de una montaña. ves desde la cumbre otras que no imaginabas que estuvieran más allá.

■

Migas de pan

Lo de las bibliotecas es como lo de las pollas en las películas porno: solo las enseñan quienes la tienen grande. No veo a nadie que con ilusión suba a sus redes sociales una foto de una humilde estantería donde tenga nada más que unos pocos libros queridos, que esto de las bibliotecas también recuerda a las palomas que, como todo el mundo sabe, son un enigma porque nunca se ha visto una bebé, que todas parecen haber nacido ya tamaño paloma. Yo ya no puedo postear fotos de mi biblioteca en talla XS pero me gustaría recordar cuando sí hubiera podido hacerlo, cuando mi biblioteca aún era

El Ingenioso Hidalgo Don Quijote de la Mancha

Querido hijo Javier: Espero que este libro te sirva como recuerdo grato del día de tu primera comunión, y que Dios te conserve toda tu vida como hoy.

Con cariño tu madre Josefina

pollo y no buitre o casi diría pterodáctilo. Nací en una casa muy humilde y sin apenas libros –la Biblia, una historia del ciclismo y otra de la mafia que eran una colección de fascículos de los que con el primero te regalaban las tapas, un libro calenturiento que se titulaba *Cárcel de mujeres* y poco más–. En aquella casa, tal vez porque éramos pobres o porque había muy pocos, se les tenía a los libros un enorme respeto. Mis padres siempre pensaron que si estudiábamos tendríamos buenos trabajos y no estaríamos a la quinta pregunta como ellos. Por eso nos animaban a leer y les parecía genial vernos enfrascados con los cómics o los libros de los tres investigadores que pedía siempre por mi cumpleaños y que ya no tengo. Sí que conservo, sin embargo, el huevo primigenio, mi primer libro: El *Quijote* que me regaló mi madre en mayo de 1975, el día de mi primera comunión. De vez en cuando lo hojeo y veo que entre algunas páginas hay migas de pan porque recuerdo que lo leía mientras merendaba. Y lo cierro con mucho cuidado, como los curas el sagrario, para que no se pierdan esas migas que tanto me recuerdan las viandas a medio comer que aparecen a veces bajo las cenizas en Pompeya. E imagino que, con esto de mis migas pasará algo parecido y que cuando unos arqueólogos en el año 3000, excavando en el estrato de comienzos del siglo XXI, descubran este libro y las vean se admirarán por el hallazgo. Y, como tal vez para entonces ya no exista lo de los libros, creerán que la lectura era un ritual asociado a la alimentación.

Y, en verdad, no estarán del todo desencaminados.

∎

La mudanza

Nunca me la he medido ni he contado los libros que tengo en mi biblioteca. Lo confieso porque durante el confinamiento leí que una indignada protestaba por la exhibición de las bibliotecas– que definía como falocéntrica– durante los *zooms*, los directos de *Instagram* o los *Facebook Live*. Había algo risible y de patético machirulismo en querer pontificar con los libros detrás, como si aquellos volúmenes le dieran a uno una autoridad extra –decía aquella chica que definía el panorama literalmente como "una competición a ver quién la tenía más grande"–. La biblioteca se entiende... La verdad es que –entono el *mea culpa*– yo también he grabado algún que otro vídeo con las famosas baldas con libros de fondo pero, como mi casa está literalmente alicatada de estanterías las opciones eran escasas: o las enseñaba o mostraba el rincón del arenero de mi gata o, lo que es peor, mi propio arenero, que son los únicos lugares libres de libros.

No estoy muy ducho, ya lo he comentado, en saber el tamaño de las cosas, y más cuando éstas no son algo muerto, sino vivo, que crece y crece. El escritor turco Enis Batur en su libro *Las bibliotecas de Dédalo* decía que la suya "avanzaba con la lógica de la hiedra". Así, como en las fachadas de las casas de campo inglesas la hiedra no deja ver la piedra y parece que el edificio fuera obra de un jardinero y no de un arquitecto, mi casa no está construida con paredes sino con estanterías y son los libros los que me protegen del frío o la lluvia del invierno.

Hace muchísimo tiempo sí medí mi biblioteca. En el

hospital en el que esperaba la operación a la que finalmente no sobrevivió, mi tía Ana me preguntó cuántos
libros tenía. Siempre había respondido con un "no sé...
muchos" pero prometí volver a visitarla al día siguiente con una respuesta más exacta. No tenía tiempo de
contabilidades, así que al llegar a casa aquella noche me
puse a medir las baldas –o lejas, por usar una palabra
preciosa que nunca había escuchado hasta que vine a vivir a Murcia– en las que se apretujaban los libros. Tenía,
aún recuerdo el dato, 23,40 metros de libros. Casi el an-
cho de una piscina olímpica –comentó mi tía asombrada
cuando se lo dije–. Si apilara todos los libros formando
una columna tendría el alto de un edificio de seis pisos
y, si pudiera escalar por ella, podría entrar en la casa de
mis padres por el balcón –le comenté–. Podría volver a
entrar en aquella habitación de mi adolescencia en la
que tuve mi primera estantería vacía, apenas dos baldas
de ochenta centímetros sobre un escritorio. Pero, ahora
que lo veo con la lejanía de los años me doy cuenta de
que los libros nunca me han servido para encaramarme a
las alturas, para aislarme en una torre. En realidad aquella pila de libros me sirvió para bajar a la calle como se
descuelgan los presos atando sábanas al escapar de su
celda. Gracias a ella dejé mi timidez y mis melancolías y
me lancé a conocer mundo. Nunca salgo de casa sin un

libro en la mano como los exploradores no lo hacen sin esas cerillas especiales que pueden encenderse incluso en medio de una tormenta. ¿Para qué me vale tanto libro? En cierta manera para prender un fuego al llegar la noche, aunque tal vez lo más importante que me han enseñado es a no hacerme el sabiondo, a otear –como señaló Sócrates– la vastedad de lo que ignoro. A despertar el deseo de adentrarme por esos continentes desconocidos.

Los libros también me han servido últimamente para recibir varios pésames cuando he contado que me mudaba de casa. No faltó quien me mandó el contacto de un fisioterapeuta o directamente precios de sillas de ruedas pensando en el palizón que me esperaba. Walter Benjamin (al igual que Berlanga metía la palabra austro-húngaro en todas sus películas, yo meto a Benjamin en todo lo que escribo) tiene un texto precioso –"*Desembalo mi biblioteca*"– en el que se refiere a las cajas de libros que han llegado a su nuevo hogar tras la mudanza como una especie de cantera a cielo abierto. Así estos días, como bloques gigantes de mármol, se acumulan en mi casa los libros a la espera del viaje. Forman trincheras, parecen los restos de un templo derruido esparcidos por todo el espacio. Las murallas de Jericó no tenían tantos sillares como cajas componen estos muros de libros. Han aparecido en esto de la mudanza libros que no recordaba que tuviera, como si hubieran venido a casa por su propio pie, les hubiera gustado el ambientillo y se hubieran quedado a vivir de okupas. Así, por ejemplo un grupo de veinte libros sobre viajes a Japón juntitos como los propios japoneses o libros sobre los temas más peregrinos, incluyendo uno sobre la cría de la ardilla, otro sobre la historia de la guillotina o cientos sobre campos de concentración. ¿Dónde irán todos estos libros? Y no me refiero a dónde irán ahora, sino luego, cuando yo palme y haga la mudanza, no a Corvera, sino la definitiva para irme a vivir *al otro barrio*. No sé, me imagino que, como hacen los buenos pescadores de caña que sueltan de nuevo sus capturas, estos libros volverán al mar de las librerías de viejo de las que muchos salieron para que alguien vuelva a sentir la emoción de verlos brillar entre las olas. Y esto es lo que quería contar en este texto tan extraño: que hacer la mudanza de una biblioteca es ensayar una despedida. Y por eso es tan bonito, porque en la vida real casi nunca tenemos la oportunidad de despedirnos de nada. Y así, mientras guardo cada libro recuerdo cuándo lo compré y lo acuesto como si fuera un niño en su caja de cartón. Aquí tengo *Clásicos y modernos* de Azorín, con dedicatoria autógrafa... Me hice con él pujando por teléfono en una subasta. Aquel día estaba de viaje por Jaén, en una zona que apenas tenía cobertura, así que, a la hora de la subasta, subí a lo alto de un monte donde me habían dicho que llegaba mejor la señal y extendí la antena a tope –entonces los móviles tenían antena–. Al ver el libro y recordar aquella antena en lo alto –aquella gesta pujadora– he pensado en la fotografía famosa de los soldados norteamericanos alzando la bandera en la isla de Iwo Jima.

A veces los libros son eso: banderas, señales en las islas o lugares en los que, durante unas horas o unos días, uno tuvo su casa.

■

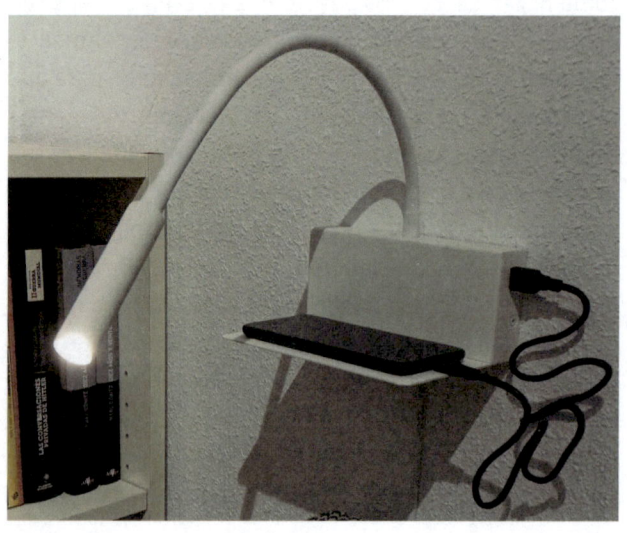

Lámpara de lectura

Cuando los días se acortan abandono mi nido y, como los pájaros en sus migraciones de invierno, dejo el pequeño estudio donde suelo leer y paso a hacerlo en la biblioteca orientada al oeste, a la puesta de sol. Allí la luz del atardecer va dorando los libros en las estanterías frente a mí y entonces siento que estoy haciendo algo antiguo y sagrado, como los nabateos en sus templos de Petra, viendo cómo entra el primer rayo de sol del solsticio de invierno hasta iluminar justo el altar. A veces, mientras me estoy quedando en sombra, quemándome la vista con la lectura, me dejo llevar por esa luz última sobre los lomos que destaca los títulos: la preciosa edición de 1962 de *Los dioses de la prehistoria* de Johannes Maringer, los clásicos de Parrot sobre Nínive o de Woolley sobre Ur, el libro tan extraordinario como divertido de Samuel Noah Kramer sobre los textos de las tablillas sumerias... Hasta hace poco la cosa era así: yo iba leyendo y, al levantar la cabeza, la luz declinante me mostraba las lejanas arenas del tiempo lo que me marcaba el momento no de sembrar no sé qué o de hacer sacrificios humanos, sino de dejar lo de los libros e ir a hacerme la cena. Pero ahora se hace de noche muy pronto, así que decidí comprar una lámpara de lectura para poder leer un ratito más.

Solo cuando la he instalado me he dado cuenta de que es un objeto extraordinario y un poco fuera de lugar en el contexto de la biblioteca en la que está. Tiene una repisa para el móvil e incluso una entrada USB para cargarlo. Hace cinco años –por decir un número– no se hubiera entendido el sentido o necesidad de esa repisita. No sé para los demás, pero para mí leer precisamente es huir del móvil, estar desconectado, ilocalizable, en algún lugar lejano y sin cobertura donde no lleguen los wasaps ni los likes... Porque cuando leo cosas en el móvil me parece estar nadando o chapoteando, solo los libros me dan la sensación profunda de bucear. Por eso está aquí a mi lado esta repisa: para tener la tentación presente, como en los cuadros de San Jerónimo en el desierto, en los que a veces aparecen unas chavalas bailoteando y quitándose los velos para convencerle de que se deje lo de las penitencias. Entre estas luces me muevo: la de la tarde que se acaba, la de los viejos libros dorados como ruinas, la de esta lámpara precisa, casi de laboratorio y, detrás de mí, la del móvil, parpadeante y con un zumbido –al entrar un mail– como de mosca que quiere escapar de la habitación cabeceando contra un cristal.

Y luego está la luz de dentro.

∎

Bienvenida

Nueva *Billy* que acabas de llegar a casa, bienvenida seas. Ya verás como aquí estás bien, tus treinta y dos hermanas te harán compañía, no vas a sentirte sola. Además te voy a llenar de libros bonitos... Mira por ejemplo este *Infestación. Una historia cultural de las casas encantadas* de Erica Couto Ferreira que voy a poner en ti en cuanto lo acabe: una maravilla, ya verás... Además vas a tener el honor de sujetar también *Supervivencia de las luciérnagas* de Didí Hubermann que es canela en rama. Y, si te portas bien a lo mejor incluso le digo a la Billy del *hall* que te ceda la bibliografía completa de Roland Barthes, que la pobre está un poco agobiada porque los libros sobre tema felino la tienen petada... Libros gordos vas a tener que soportar pocos, porque de los tochos sobre guerra civil y nazismo se encargan aquellas compañeras del fondo. Además estás en un rincón muy tranquilo por si te gusta ir a tu bola, pero, si te aburres, podrás tertuliar con la compañera de en frente aunque es un poco callada porque se encarga de la poesía china.

Solo te pido que cuando esté buscando algún libro no hagas como otras estanterías que parece que disfruten escondiéndolo.

Nada, lo dicho, estás en tu casa...

¿Que quiénes son las de la otra habitación? Unas rancias, eso es lo que son... Allí solo están unas estiradas que piensan que tienen más derecho a estar en el salón por guardar la literatura española. Se creen unas reinas por tener *el Quijote* que me regaló mi madre en la primera comunión, los libros dedicados por Azorín o todo Trapiello... Aunque no son malas estanterías, solo que se han venido demasiado arriba... Pero no le des más importancia: yo leo allí pero también aquí en ese tresillo-cama. En fin, que vendré a visitarte con frecuencia.

■

Dos libros

–¿Vienes mucho por aquí?

–Sí, vivo en una balda cercana...

–¿Dónde?

–En el casco viejo. Entre los poemas de Virgilio y las odas de Horacio. ¿Y tú?

–Yo soy de la parte de los catálogos de arte, en la estantería donde está la tele.

–Es un barrio muy animado, muy colorido.

–Tienes el lomo rosita. Qué molón, ¿no?

–Es que mi colección se llamaba *Los caprichos*. Los de AKAL pensaron que así, con los cantos tintados, tal vez nos venderían mejor.

–Ya... Los editores y sus ideas locas...

–¿Y tú? Cuéntame algo de ti... No te había visto antes...

–Es que soy un catálogo reciente. Me acaban de publicar.

–¿Y qué tal?

–Bien... Soy un catálogo de museo, y encima de un artista bastante molón.

–Qué suerte, con la cantidad de artistas malos que hay.

–Sí. Lo peor de ser catálogo de museo es que la mayoría vamos a un sótano directamente y no salimos nunca de las cajas... Los libros de librería por lo menos viajáis a alguna mesa de novedades, aunque luego acabéis también en una caja como nosotros...

–Todos acabamos en una caja, hasta los que nos leen.

–Sí pero mientras llega la hora de ir a la caja o a la trituradora de papel está bien estar aquí tomando el aire ¿no?

–Sí.

–¿Y cómo te llamabas?

–No te había dicho mi nombre... *La llamada muda*. ¿Y tú?

–*Noche transfigurada*... es un nombre un poco cursi.

–Qué va... Además tienes unos ojos muy bonitos...

–Pues anda que tú...

–Bueno, tengo que irme porque tienen que consultarme para un artículo.

–Oye ¿me dejas tu número de ISBN y te llamo algún día para tomar algo?

–Apunta 84-460-1295-2

–Genial... Besos, nos vemos.

■

Silencio y ruido

Me gusta mi biblioteca, tan llena de palabras y a la vez tan silenciosa. Pero también me gusta lo contrario, el ruido: escuchar las conversaciones a voces de los de las mesas cercanas en las terrazas, el guirigay de los niños en los parques, las horribles pruebas de sonido de Maluma para su concierto en la plaza de toros tan cercana, las risas repentinas que suben desde la calle en la madrugada de los que vuelven borrachos del barrio de las tascas, el suave ronroneo de la gata...

■

IV. DE TODO UN POCO

Leer en el pueblo

Mirad en qué sitio más extraordinario vivo. Siempre hay plazas libres para aparcar y, además, gratis. Es un pueblo tan pequeño que no hay grafiteros y, si pintas una pared de blanco, serán el sol y la lluvia los encargados de ir ensuciándola. Un piso nuevo de 90 metros con parquet, ventanas Climalit, plaza de garaje y trastero me costó 54 000 euros. Al cruzarte con alguien por la calle –cosa infrecuente– le das los buenos días o las buenas tardes aunque no lo conozcas de nada. La soledad es muy potente y ventosa en este sitio y las noches que llueve parece que la lluvia fuera de la que caía en la película *Blade Runner*. A veces desde casa escucho el sonido de los cascos de un caballo pasando bajo mi ventana. Cuando alguien muere, la megafonía de un coche –aquí se le llama *el coche de los muertos*– va anunciando su nombre y su mote, porque aquí uno no es sólo un nombre. Hay dos pequeños supermercados en los que no hay tofu. El silencio de este sitio es muy profundo pero, aunque parezca una paradoja, nada silencioso: siempre hay un gato maullando o una moto tronando a lo lejos que acentúan el vacío de la noche. Una vez vino a por mí una ambulancia, pero aquí no usan sirenas porque no hay coches que tengan que echarse a un lado ni semáforos; hasta las ambulancias son silenciosas.

Cuando se lee en un lugar así, de noche en la cama, los libros parecen estar a punto de hablar. Recuerdo que de joven viví dos meses sin luz en casa de un amigo de Cáceres porque Iberdrola nos la cortó por impago. Leí mucho en aquellas noches a la luz temblorosa de un candelabro, libros que me sabían a tiempo. Leí todo Queiroz y todo Pessoa a base de velas. Desde que vivo en un pueblo pequeño me parece que leo distinto –como en aquellos meses sin luz– y que los libros que edito son otros... Incluso que mi gata ronronea con otro tono, distinto al que usaba cuando vivíamos en la ciudad.

Los domingos siempre voy al monte y recojo romero para echarlo al arroz de verduras. Cuando vivía en Murcia no le echaba romero al arroz y pienso que mi vida un poco errabunda se puede dividir de diez mil maneras y una es esa: a partir de una edad dejé las ciudades, a partir de una edad, al amanecer, mientras en el aparcamiento cercano a la sierra la gente en los coches se metía por la nariz las últimas rayas de la noche, yo me internaba con un libro en la mano en el bosque oloroso de pinos y romero.

■

Bruno

La palabra *lector* es como la palabra *perro*: se utiliza para designar realidades y mundos muy diferentes. Perro es el Alaska Malamute gigante que arrastra un trineo por las montañas nevadas y también el chihuahua toy que viaja asomando la cabecita en el bolso de Chanel de una pija. No es mejor uno que otro, ni menos perro. Ni yo –que este año he leído menos libros que otros porque me he quedado en 159– soy mejor lector que quien ha leído 20 o 30. Para mí los libros son importantes, los disfruto y tengo la suerte de ser capaz de concentrarme leyendo incluso cuando estoy en la cola para pagar en el súper, aunque esto no me hace mejor lector que el que lee como beben las gallinas: a pequeños sorbos y levantando la cabeza para meditar cada palabra. Pero ni siquiera las diferencias lectoras son cosa de tamaño, como los dos perros que he citado, sino de estilos de lector. Tengo amigos que se entusiasman con libros que a mí me dan más alergia que a mucha gente el pelo de gato. ¿Soy yo un lector más fino que ellos? para nada: simplemente somos lectores de estilos diferentes y posiblemente no compartimos ni siquiera la misma idea de qué es leer y para qué sirve.

Dicho esto, recomendar un libro es aventurarse a que lo que a uno le ha emocionado y entusiasmado, a los demás les parezca más malo que la cerveza sin alcohol. Pero allá voy... Si te gusta la vida, recordar tus años de juventud –cuando las calles y la noche te llamaban–, si te gustan los libros alegres y, a la vez, un poco tristes –todo entremezclado–, si te gusta entender el mundo en el que vivimos, si te despierta curiosidad ver aparecer a Mariah Carey desnuda saliendo de una ducha de un hotel en Madrid, si te gusta viajar, si te gusta tener la sensación de que leyendo un libro estás escuchando a un amigo, si te gustan las confesiones, la melancolía y, por supuesto, la música y los libros divertidos, lee este maravilloso *Toma de tierra* que ha escrito Bruno Galindo. En el 2020, por ejemplo, se publicaron en nuestro país 78 422 libros y me imagino que un número parecido o mayor en otros más recientes. Da igual que uno lea, como dije, 20, 30 o 159... En cualquier caso miles de libros preciosos pasan a nuestro lado sin que les digamos ni un *hola qué tal*. Ojalá este de Bruno no sea uno de ellos y le deis una oportunidad, os enrolle y, como me pasó a mí, os lo llevéis a la cama y lo disfrutéis cosa mala.

■

Primeros textos

De joven me dio por la sumerología como me podía haber dado por las motos o el heavy metal. Fue una pasión, un flechazo a primera vista. Leí todo lo que cayó en mis manos: Parrot, Woolley, Champdor... y, con los años, pude viajar a París, Londres y Berlín a ver las increíbles esculturas, las estelas, los frisos, los delicados trabajos en oro. Pero sobre todo recuerdo un libro mágico que tuve, luego perdí y que hoy ha llegado de nuevo a casa en una edición de 1958 más bonita que la que me quitaron. Seguro que todos los sumerólogos y sumerólogas que me estáis leyendo lo conoceréis y estaréis de acuerdo en que este *La historia empieza en Sumer* es un libro maravilloso. Noah Kramer va comentando en pequeños capítulos los textos de algunas de las tablillas

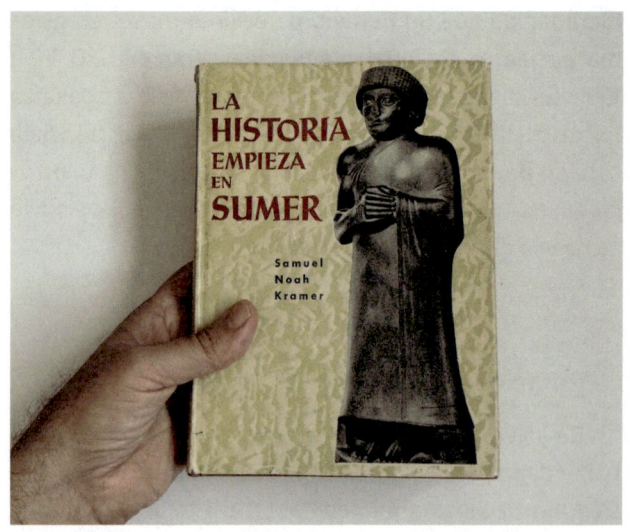

cuneiformes encontradas en las excavaciones. Son textos de hace 3700 años en los que vemos cómo un padre intenta reconducir al orden a un hijo macarrilla que pasa de estudiar, o cómo otros invitan a comer al maestro que ha suspendido a su hijo y le regalan un anillo para que lo apruebe (el maestro, entusiasmado, declara a los postres que nunca ha tenido un alumno tan brillante como aquel muchacho que antes del anillo era un zoquete). Hay textos que hablan de la primera reducción de impuestos de la que se tiene noticia en la historia, de la primera farmacia, del primer plagio literario o el primer canto de amor. De aquel personal, tan vivo en estos textos, no queda ni el polvo de sus huesos. En uno de los capítulos el profesor Kramer comenta la primera edad de oro imaginada por el hombre en unas tablillas que recogen la historia de Enmerkar y el señor de Aratta. Aquella buena gente ya creía que las cosas iban mal y que en el pasado había habido una época dichosa de abundancia, sin serpientes ni hienas, sin escorpiones ni miedo.

Vista desde esta noche de lunes 14 de febrero del 2021, mi juventud lejana es una especie de yacimiento sumerio, tanto han cambiado las cosas y las costumbres... Pero lo extraordinario de este libro que habla de cosas de hace miles de años es que nos parecen de ayer mismo, frescas como lechugas en la nevera, porque, en realidad, nada pasa, todo vuelve como las estaciones.

Incluso yo mismo, arrugado y seco como un árbol al borde del desierto, aún –milagrosamente– echo hojas y flores cada primavera.

■

Lista de la compra I

En el mercadillo de Murcia junto al río hay un único puesto de libros en el que los domingos a las 8,30 de la mañana siempre coincidimos más o menos los mismos madrugadores, pescadores de gangas. Con mis 59 añitos soy el benjamín de esa extraña cofradía en la que el decano es un anciano muy atildado y enchaquetado. Incluso cuando hace mucho calor, va con una chaqueta ligera, pero no por presumir de elegancia, sino porque –lo contó un día– su mujer le tiene prohibido comprar más libros y solo puede llevarse los de formato pequeño que pueda esconder al entrar en casa bajo el sobaquillo. A veces ve tochos grandes y los manosea quejándose de que es una pena, pero ese no se lo puede comprar. El que dirige aquel tenderete nos conoce y sabe de qué pie cojeamos cada uno. Hoy me ha dicho una frase que lo define a la perfección: comentando que ha comprado los 20 000 libros de la antigua librería Brontë me ha confesado que su dueño sí era librero, pero él es solo es un vendedor y no quiere ser librero, porque, si lo fuera, sabría lo que valen los libros y entonces no los vendería. Su política es de un igualitarismo pasmoso: los libros los pone a dos euros y da igual que sea una primera edición de los años treinta que un best seller del *Círculo de Lectores* de los noventa. Le he comprado algunos por dos euros que luego he visto en *Iberlibros* por doscientos. Si en el lote que escoges hay varios muy grandes, antiguos o de tapa dura, te añade un euro porque te llevas libros –asegura– muy especiales. Por eso hoy he pagado quince por siete

libros: la primera edición de 1967 de *La República española y la guerra civil* de Gabriel Jackson, *Un modelo para
la muerte* de Borges y Bioy Casares en una edición argentina muy bonita de 1970, el *Viaje en busca del doctor
Livingstone al centro del África* de Sir Henry M. Stanley,
Peregrino de Angkor de Pierre Loti, publicado en Barcelona en 1940, un volumen precioso en tapa dura y con
ilustraciones de los viajes del capitán Cook de ediciones
del Serbal, *El caballero del salón* de Somerset Maugham,
en el que narra su viaje en caballo desde Rangún hasta
Haipong, y el mítico libro de fotografías que Leni Riefens-
tahl dedicó a los nuba.

Igual que algunos presumen de comprarse un billete
avión a Londres o París por veinte euros, yo lo hago de
que, con estos libros y por menos dinero, voy a poder ir
de la ceca a la Meca.

■

Obras completas

El 20 de Mayo de 1988, el día en el que cumplí 22,
años fui a la librería Cervantes en Plasencia y me compré las obras completas de Horacio. Si me acuerdo es
porque entonces escribía en los propios libros cuándo y
dónde los compraba. Como un año antes había decidido

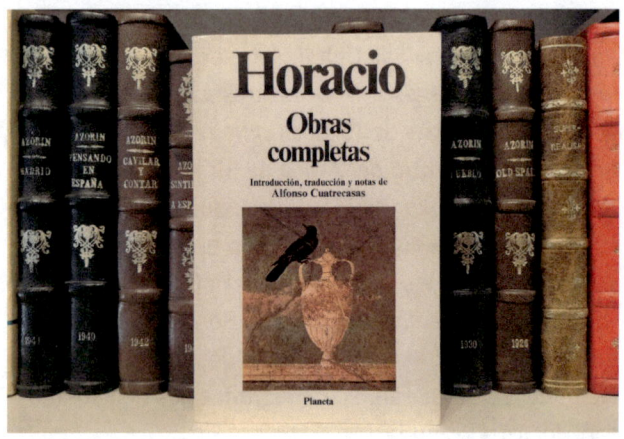

leer cronológicamente todo lo que pudiera –comenzan-
do desde el principio–, se ve que en el 88 iba ya por el
siglo I D.C. Esta rara travesía comenzó con *El poema de
Gilgamesh* y seguí avanzando con la poesía china del año
Maricastaña. Después me embuché todos los griegos y
tras ellos me embarqué con los clásicos latinos como si
no hubiera un mañana. Luego pensé –un poco a la manera de Forrest Gump cuando se lanzó a correr cruzando
el país– que, si había podido con Ateneo de Naúcratis y
con Apuleyo, por qué parar y no seguir adelante. Y así es
como leí la oscura Edad Media a la luz de aquellos flexos
antiguos, que a la vez que te daban luz, te torrefactaban
la cabeza. De las sagas islandesas al *Libro de Apolonio*,

de Chaucer a Villon... Y así, pasito a pasito, fui leyendo lo que no está escrito, las cosas más peregrinas: *El Quijote* de Avellaneda, *La lozana andaluza*, todo toditito de Torres Villaroel, la obra completa de Calderón, *El diablo cojuelo* de Vélez de Guevara... Y así me iba acercando al presente mientras pasaba el verano en la piscina municipal leyendo alguno de los cuatro tomos de la *Vida de Fray Gerundio de Campazas alias Zote* del padre Isla (que no sé si alguien más lo ha leído, para quedar y tomarnos una caña en recuerdo de aquel tiempo en que ambos leímos tal cosa). Luego pasaron los años, como pasan los coches de Fórmula 1 por la recta de tribunas, levantando polvaredas y, en algún momento, aquel pájaro negro de la portada de Horacio voló lejos de su jaula de papel y me interesó todo: me compré una bici, me apunté a un gimnasio, me acosté con la hermana de un amigo, fui a un sastre para hacerme a medida un traje copiado del que llevaba Luis Cernuda en una foto, comencé a fumar y dejé de fumar, hice amigos y perdí amigos, aprendí a hacer croquetas, vendí cuadros... En resumen, lo que viene siendo la vida.

Y seguí leyendo, pero ya desordenadamente, mezclando a los muertos y a la muchachada última, parando aquel reloj, aquel cronómetro de mis lecturas. Y no sé si llegué al presente o no llegué a ningún sitio.

Eso me pareció bonito, porque leer es no saber dónde llegaste.

■

Un alboroque

Llegué a Murcia a vivir hace dieciocho años cuando acababa de terminar la Semana Santa que aquí es tremenda y en la Gran Vía estaban aún las gradas que se ponen para que la gente vea mejor las procesiones y los pasos de Salzillo. ¿No las quitan? –pregunté–. No, es que ahora vienen las Fiestas de Primavera y así las aprovechan. Total, que apenas un par de semanas después de adorar fervorosamente al Señor en la cruz, desde el mismo graderío, la misma gente adoraba a otras diosas: a unas brasileñas que bailaban con las tetas al aire. Aquel año un abuelo se tiró al paso de las majorettes y mordió a una de aquellas procesionantes en un pecho. Por eso se decidió que desde entonces desfilarían bailando en lo alto de una carroza. Murcia es así: un lugar maravilloso, complejo, espiritual y, a la vez, carnal, difícil de entender a la primera... Aunque llevo aquí mucho tiempo, aún me asombro de algunas cosas y tradiciones de esta gente a la que con los años he aprendido a querer y admirar. Todo esto para contar que en Murcia, cuando alguien muere, los amigos que le querían hacen algo que llaman un *alboroque* que es, básicamente, cogerse un cebollón importante recorriendo aquellos bares a los que se solía ir con el finado, recordándole mezclando risas, alcohol y llantos.

Y eso es lo que voy a hacer: un alboroque, porque ha muerto Colette, una pequeña librería. Era humilde y acogedora y, en sus dos años de vida, estuvo al lado de uno de los antros más destacados del facherío, garrulerismo y gin tonics en copa balón de la ciudad. Para intentar llenar tanta cabeza vacía su escaparate enseñaba algunos libros que aquel personal observaba con mirada bovina. No hubo suficiente gente que los comprase, así que, a final de mes, una persiana metálica bajada –y no lo último de *Capitán Swing*– será lo que vea el que camine por aquella calle que pronto será más gris. Pero quiero recordar, ya que estoy leyendo el último libro que compré allí hace un par de días, antes de que todas las luces de Colette se apaguen, aquella noche rara en la que Alejandro Zambra pasó por la librería a presentar un libro y dijo que era su cumpleaños, que cumplía justo 40 años. Qué desgastado está –pensé al escucharle–, será el tabaco, el alcohol o la droga. Aunque no tengo ni idea de si fuma, bebe o se droga. Y, a lo mejor, es un vegano practicante de yoga y lo del desgaste es genético, de familia y no de vicio... Lo cierto es que salieron Miguel Ángel Hernández y Antonio Ubero a buscar una tarta y trajeron una milagrosa. ¿Dónde coño la comprarían? Fue la tarta más rica que he comido nunca. Zambra sopló las velas con ganas pese a sus arrugas, yo aún no me había dado cuenta de que estoy bastante calvo por la coronilla, Raquel –la librera– no imaginaba que pronto tendría que cerrar... O sí lo imaginaba, pero le daba igual porque aquella noche Colette era como una hoguera mientras afuera, en la noche, solo había viento y frío.

■

Dos *ex libris*

Ayer, en un sitio de libros de segunda mano, compré por un euro *Hitler sin máscara* de Eduard Calic. Solo al llegar casa y ponerme a forrarlo con cariño y pegar mi *ex libris* me sorprendí al darme cuenta de la casualidad de que el libro había sido de mi amigo y compañero de trabajo Mariano Esparza. Llevaba su firma y la fecha en la que lo compró –el 5 de Julio de 1983– y, en algún momento, fue el número 443 de su biblioteca. Me parece precioso el diálogo silencioso que mantienen nuestros dos ex libris: da la impresión de que mis corredores griegos le hubieran robado la lanza a su Atenea pensativa y huyeran con el botín a toda leche. La imagen que usaba Mariano en los ya lejanos ochenta está llena de melancolía. Reproduce un bajorrelieve que se encontró en el año 1880 en la Acrópolis de Atenas en el que se ve a la diosa meditando ante una estela funeraria. En el ex libris se ha suprimido la estela porque tal vez el propio libro haga ese papel. Pero los libros –que a veces amarillean como las arenas de una playa– qué vivos están... Como si fueran ríos que al llegar al mar regresaran en forma de nube a lo alto de las montañas. En fin, algún día este libro que fue de Mariano y ahora es mío, será de otra persona. Aún hay sitio para otros ex libris fechas, para otros nombres, para otras manos... Una vez compré un libro de alguien cuyo ex libris era una vista a través del ojo de una cerradura de un gato que se alejaba y mostraba su esfínter al levantar la cola. ¿Qué significaría?. ¿Que todo es una mierda?. ¿Que las cosas se alejan de nosotros con la indiferencia con la que lo hace un felino camino del arenero?. ¿Que los libros tienen siete vidas?. Quién sabe...

■

Hace unos días leí

Hace unos días leí en *Estambul. Ciudad y recuerdos* de Orhan Pamuk un pasaje en el que cuenta cómo su madre consiguió que el portero le dejase entrar a espiar en el nidito secreto que su marido tenía para encontrarse con una amante. Según cuenta Pamuk, la conmocionó la visión en la cama sobre la almohada del pijama doblado, porque era el modelo exacto que él usaba habitualmente y también, sobre la mesilla, apilados, exactamente los mismos libros de bridge que tenía en el dormitorio de la casa familiar.

Hace unos días leí en su libro *Todo sobre la cama* que Anthony Burgess quiso experimentar en su juventud cómo era dormir en los bancos de las posadas baratas de Londres. Según parece la última opción para los más menesterosos – ya que costaba apenas unas monedas– era dormir sentado en un banco corrido frente al que se amarraba una cuerda tensa en la que los huéspedes apoyaban los brazos y, sobre ellos, la cabeza. Antes del amanecer el posadero desataba de golpe la cuerda para que los durmientes despertaran al caerse y así poder echarlos fuera sin muchos miramientos. Cuenta Burguess que todos los que allí estaban apretados unos al lado de otros se despertaron milagrosamente justo unos segundos antes de que se aflojara la cuerda. Bueno, todos menos uno que cayó rodando de tal manera que no se supo si es que estaba dormido o muerto.

Hace unos días leí en *El leopardo de las nieves* de Peter Matthiessen que le compró en secreto a su mujer Deborah Love un cuenco de cerámica iraní del siglo XIII que habían visto juntos en un anticuario de Ginebra. Costaba un pastizal, y aunque ella se enamoró de aquella pieza, no se decidieron a comprarla y fue luego, al día siguiente, cuando Peter lo compró por teléfono. Pero ella había vuelto a casa en EEUU y él partió a un viaje. Tenía pensado entregárselo al regreso, pero aquel momento no llegó por los desencuentros, rupturas y reconciliaciones de la pareja. Finalmente Deborah enfermó de cáncer y Peter –que la acompañó en su final– le dio el cuenco solo instantes antes del fallecimiento. Pensaba que no sabría ni qué era aquello porque los fuertes sedantes contra el dolor hacían que ella ni siquiera reconociera a los amigos que iban a visitarla. Escribe Peter "Apenas me quedaron fuerzas para ver cómo D contemplaba el cuenco mientras hacía muecas por el esfuerzo para resistir el dolor, los medicamentos y el cáncer imparable que le devoraba el cerebro. Pero cuando me disponía a retirarlo, D se lo apretó contra el corazón, se recostó en la cama con expresión infantil y ojos brillantes y, con una voz convertida en susurro, consiguió pronunciar una palabra «Sui-za»"

■

El libro de un ciego

Tengo un libro de Georges Perec que antes de ser mío fue de alguien que se quedó ciego. No recordaba que lo tuviera y, al ir a guardarlo en la caja por la mudanza, he notado la rugosidad de la etiqueta transparente en braille que pegó en la portada –supongo que será el título– y me he imaginado a su dueño acariciando ese libro que ya no podía ver, que tal vez le leyeran su mujer o una hija algunas noches. Hay un cuento muy bueno de Zweig sobre la ceguera –"*La colección invisible*"–, pero este libro de Perec me ha hecho recordar un relato precioso de César González Ruano –*La felicidad en el otro*– en el que una pareja mayor se compra un piso en un pueblo costero para disfrutar allí sus últimos años de la vista maravillosa del mar que se ve desde la terraza, que es lo que les ha enamorado del lugar. Tiempo después el marido se queda ciego pero cada tarde siguen saliendo a merendar a la terraza y la mujer le va describiendo con todo detalle las espectaculares vistas: la playa, los barcos navegando a lo lejos, el sol acostándose en el horizonte. Nunca le confiesa la verdad: que en el solar frente a su casa han construido un bloque más alto y ahora desde la terraza sólo se ve un muro tachonado por las pequeñas ventanas de los cuartos de baño.

Cuando tengo en mis manos este Perec, cuando pienso en los miles de libros que he leído y ahora están cerrados descansando en las estanterías, recuerdo a aquella mujer y pienso en que los libros me han ayudado a ver el mar a través de los muros y de las ventanas estrechas de los cuartos de baño.

■

El visionario

A un seminario sobre gestión cultural al que asistí hace como quince años, vino un iluminado de la causa tecnológica y nos dio una conferencia sobre el final de los libros. Que a los de toda la vida en papel les quedaban dos telediarios porque eran un atraso –vaticinó–. Que había llegado la buena nueva– y mostraba el *Kindle* como en las películas del Oeste el reverendo agita una biblia al dar un sermón a los borrachos del *saloon*–. Con aquel milagro de la ciencia todo era maravilloso: podías llevar dentro mil libros, pero además nada de textos normales, eso era rancio. Ahora la cosa iba de hipertextos,

de multitextos 2.0, o de nosequécojonestextos. Vamos, que con estos cacharritos pinchabas una palabra y te llevaba a un *link* donde había vídeos, fotos, audios y no salía de la pantalla una mano para rascarte los bajos de milagro. Era una lectura inteligente... Como si leer en un libro de papel fuera una lectura de Cromañones. Pero además –decía aquel profeta del *ebook*– la lectura de libros en papel era insolidaria –egoísta– porque era una actividad solitaria que no te llevaba a compartir y a abrirte a los demás, a las preocupaciones de los demás. Sin embargo la lectura en ebook permitía la opción de poner en red de un modo público lo que subrayabas o leías, creando así comunidad y amor universal.

Como soy tímido, solitario y un recalcitrante que aún prefiere los libros en papel, pensé –recordando aquello de que coger un libro en papel es encerrarte egoístamente en ti mismo sin preocuparse de lo colectivo–, que en la pequeña habitación de casa que uso para leer debería rodearme de gente para formar la comunidad que anunciaba aquel visionario. Y por eso la he llenado de acuarelas y dibujos –sobre todo del siglo XIX– de personas que caminando se pierden a lo lejos. Nunca leo solo: lo hago rodeado de estos solitarios que, paradójicamente, al colgar juntitos en las paredes, están muy bien acompañados formando casi una familia.

Los libros –a lo mejor en esto tenía razón aquel flipado de lo digital– son cosa de solitarios, pero lo que no sabía es que avanzamos por las páginas como los peregrinos por los caminos a Santiago: no tanto para llegar a ningún sitio, como para acompasar durante algunas horas nuestros pasos con los de otros que también estén en ruta.

Hoy ha llegado del enmarcador una chica que salió de su casa hace más de cien años y ahora ha hecho aquí una parada para recuperar el aliento (para los muertos como ella esto es importante) antes de volver a alejarse. Leer para mí es juntarme con estos amigos, es una especie botellón nocturno pero sin alcohol y la mayoría de las veces con gente del año catapera. Y tiene aquel misterio, encanto y tensión de cuando, de adolescentes, los colegas nos reuníamos para jugar a la güija. Cada libro que leo sirve para lo mismo que valían las letras de aquella tabla hacia las que deslizábamos el vaso con disimulo: para derrotar a la muerte, para lograr el milagro de que volvieran los que estaban lejos –al otro lado–, para estar todos juntos al menos durante aquel rato, antes de que, como se dice en Extremadura, mi tierra, cada mochuelo tirara para su olivo.

■

Sí, ya me acuerdo

Qué libro más bonito es *Sí, ya me acuerdo* de Marcello Mastroianni. Lo leí hace bastantes años pero, hojeándolo de nuevo, me vuelvo a emocionar con muchas cosas. Cuenta Marcello que, cuando comenzó en el cine, su padre, que acababa de quedarse ciego por la diabetes, y su madre –sorda hacía muchos años– iban juntos a ver las películas en las que él salía. Molestaban mucho en la sala –escribe Marcello– porque la madre constantemente preguntaba en voz alta al padre ¿qué ha dicho?, ¿qué ha dicho? y el padre le contaba a gritos los diálogos, pero a su vez también le preguntaba a la madre qué era lo que estaba pasando. Ella le tenía que explicar lo que se estaba viendo en la pantalla...

Marcello escribe que este modo de ir al cine de sus padres podría ser dramático, pero por el carácter de ellos resultaba cómico. Para mí también es conmovedor, porque tal vez amar sea eso: encontrar a alguien que nos ayude a entender el mundo...

■

Libros de viejo

Al comentarme uno de los artículos de esta revista (*), una chica joven me dijo que le había llamado mucho la atención un concepto del que no tenía noticia: *el libro de viejo*. No sabía que hubiera un tipo de libros especiales para las personas mayores –me aclaró. Me imagino que sí le sonaban los libros de ocasión o de segunda mano, pero aquello de la vejez le quedaba demasiado lejos y pensó que los que leemos libros de viejo los compramos en algún establecimiento vecino a la farmacia donde recogemos la receta del *Sintrom* o de la ortopedia donde encargamos un taca-taca. El libro de viejo como una especie de aparato de los que venden en la Teletienda para pedalear estando sentado en el sillón y que no se nos anquilosen las piernas varicosas. En su momento me hizo mucha gracia que aquella chavala no entendiera que lo viejo eran los libros y no los lectores, pero una noche en la que estaba tan ricamente encamado leyendo una primera edición de no recuerdo qué libro, aquella conversación volvió a mí, iluminándome como un rayo y, al igual que Pablo de Tarso, caí del caballo y me di cuenta de que el tonto que no había entendido nada era yo y no ella. Aquellas páginas que estaba leyendo y que tenían más de cien años estaban frescas como una lechuga mientras que un servidor se encontraba un sábado acostado a las once de la noche, en vez de estar triunfando en la discoteca abrazado a una chavala, a un gin-tonic o a una columna... Por eso lo vi con total claridad: los libros de viejo eran, en efecto, libros para los viejos, para que, como vampiros, bebiéramos la juventud milagrosa de sus palabras que desafían al tiempo y a la muerte. Porque mientras que a nosotros nos arrastra el río de la vida, los libros nos miran desde las orillas apaciblemente, tomando el sol cual cocodrilos, sin envejecer, como si hubieran estado hace un rato charlando con sus primos los dinosaurios. Recuerdo que en la última presentación de un libro en la que participé –la de *Cuatro retratos incompletos* de Antonio Moreno– observé que, a mis cincuenta y muchos años era el benjamín de aquel cónclave, por lo que bromeé desde la mesa confesando que era una maravilla ver a un público tan bien conservado y sonriente. Que no sabía si la dentición de los presentes era natural o postiza–de quita y pon–, pero que resultaba digno de encomio el aspecto juvenil que mostraban. Y era porque se trataba de un público al que los libros –los nuevos y los de viejo– habían ayudado a envejecer un poco más lentamente. Que en esto los lectores se parecen a los gatos –y lo digo con conocimiento de causa ya que esta revista la dirigimos entre un humano y una felina–, porque aun siendo extraordinaria la cantidad de pelo que puede perder estos bichejos, como no conocen la calvicie, se van haciendo mayores con mucho disimulo, manteniendo además esa sonrisa enigmática con la que nacen, al igual que sonreímos los que andamos entre libros, a los que parece que se nos hubiera pegado algo de esa eternidad de lo escrito. Era pues obligado dedicar este segundo número de la *Revista Murciana de Letras* al mundo de las librerías y bibliotecas, al que tanta felicidad y vida debemos. Nunca me ha gustado la palabra letraherido porque me ha parece que, lejos de causarnos daño, las letras cauterizan las heridas que nos produce el rozar en lo áspero de la vida. Que uno se vuelve al rodearse de libros, más optimista o melancólico –dependiendo de lo leído–, más soñador, más prudente, más fuerte, más sabio, más risueño, más tolerante... Siempre más, nunca menos. Por eso, al volver cada día del trabajo y entrar en mi casa en una pedanía cercana a Murcia, no siento que viva en un piso modesto, incluso diría que feo, sino en una mansión, porque los libros que se extienden por las habitaciones –como hiedra por los muros de un castillo de la campiña inglesa– ocultan el gotelé de las paredes y hacen que no viva en un lugar polvoriento y perdido, sino en diez mil sitios diferentes. Para intentar pagar esta enorme deuda de gratitud por tantas cosas que me han dado –una deuda que casi podría calificar de hipoteca-

ria, ya que los libros son mi verdadera casa–, dedicamos
este humilde monográfico, a los lugares donde los compramos y al amor con el que los conservamos: librerías y
bibliotecas.

*Este texto apareció como presentación en la Revista Mur-
ciana número 2, que se dedicó monográficamente a bibliotecas
y librerías.

■

A lápiz

He comprado en la nave que Tony tiene en Llano de
Brujas las poesías de Catulo en la edición de El Bardo
de 1981. Nada más publicarse hace cuarenta y dos años se
hizo con el libro Mercedes que –veo escrito en la primera
página– estudiaba en el COU letra D. Un poco más abajo
añadió tiempo después que en el curso 83-84 estaba en
segundo de filología. La idea de que un alumno de 17 o
18 años lea a Catulo hoy sería tema a debatir por Iker
Jiménez y el profesor Enrique de Vicente en *Cuarto Mile-
nio*, pero en aquellos años era infrecuente, tal vez raro,
pero no imposible. Se llamaba amor a las letras... En la
siguiente página hay una larga dedicatoria a una musa,
datada en el verano del 83, más dictada por el espíritu

Estoy escribiendo con un lápiz nuevo que me ha regalado Paula

POESIAS DE CATULO

Prólogo, texto, traducción y notas
de Juan Petit
edición bilingüe

de Safo que por el de Catulo. Aquella chica era "Flor entre las flores" y a ella va este libro en el que ha dejado –escribe Mercedes– toda su juventud y está "Pulido con piedra pómez". Vamos que lo ha leído y releído tanto que la mano resbala sobre las páginas con la suavidad que lo hace al acariciar un cuerpo desnudo y deseado. Pero lo que más me llama la atención no es la vocación de Mercedes y ver cómo aprobó la selectividad y avanzó, al parecer sin repetir cursos por la carrera. Lo que más me impresiona es la página 4 donde anotó: "Estoy escribiendo con un lápiz nuevo que me ha regalado Paula". Me enternece, ¿qué queréis que os diga? Alguien te regala un lápiz, (¿Qué coño regalo es ese?) y escribes un par de líneas que son puro vacío y a la vez pura felicidad. A lápiz... Algo que está pensado para borrarse, para no durar...A lo mejor la poesía y el amor son eso: estrenar un lápiz, escribir con ligereza algunas palabras y que, pese a su fragilidad, resistan décadas.

■

Libros malos

Me gusta ver en las librerías libros terribles porque compruebo que estos lugares que tanto amo no son templos ni quirófanos aislados de la vida, de la vulgaridad de la vida, de sus mediocridades casi insecticidas... Entre las estanterías corre el mismo viento que por las calles y a veces llega un nubarrón de libros sobre *Podemos* del tamaño de Groenlandia o se posan sobre las mesas poemarios tan malos que deberían incluir la misma advertencia de que producen cáncer que tienen los paquetes de tabaco. Me pone de buen humor ver estos libros y me admira que la gente pueda leerlos y no caer fulminada por el horror. Pero, cuando consigo ver alguno bonito en medio de ese lodazal me alegro de verdad y, si puedo, lo compro y lo llevo a casa para que allí se encuentre con sus hermanos y con la gata y vea cuántos libros hermosos hay en el mundo... Y cómo el tiempo los va salvando, mientras los otros van a la trituradora de papel o a las ferias de saldo donde se venden libros sobre los signos del zodiaco o las flores de Bach.

Siento que rescato los libros que compro, que –como si fueran refugiados que huyen de alguna guerra– debería recibirlos en casa con abrazos y una mantita suave sobre sus hombros. Me dan ganas incluso de dormir con ellos toda la noche, como pasa cuando uno está enamorado y llega el fresquito del otoño.

■

Del leer en el campo

Algunas mañanas de domingo me gusta ir a caminar muy temprano porque soy madrugador. Normalmente a eso de las 7,30h ya estoy aparcando cerca de la gasolinera del alto de La Cadena, en una explanada de la que arrancan varios caminos. La primera vez pensé que los cuatro o cinco coches que también estaban allí apartados unos de otros eran también de senderistas, pero vi que dentro de cada uno solía haber un tío como si fuera una larva encerrada en su capullo. Supuse por eso que aquel paraje era zona de cruising o folleteo y que aquellos conductores eran unos optimistas que no se querían ir a su casa a dormir la mona sin mojar primero. Pero a la segunda o tercera vez que vi el panorama lo tuve claro: aquel personal no buscaba meterla sino que simplemente iba allí a meterse de todo. Sus cuerpos llevaban más química dentro que una hamburguesa del *McDonald* porque el lugar era un drogódromo de primera. A veces estaban esnifando sus rayitas con el billete metido en la napia o simplemente estaban flipando, recostados con los asientos echados un poco para atrás y cara de estar puestos hasta las trancas. Al pasar los solía mirar de reojo pensando en qué extraña es la gente que, pudiendo caminar escuchando pajarillos y tomando el sol de la mañana, prefieren meterse unos tiros allí solos. Pero luego me daba cuenta de que ellos pensarían lo mismo de mí y dirían que de dónde salía y a dónde cojones iba a esas horas un tío andando por el campo con un libro en la mano. Porque yo, cuando salgo a caminar, en vez de bastones de marcha llevo un libro para leer al llegar a la cumbre.

Vamos, que todos –ellos y yo– somos raros.

■

El testigo

Esta tarde, al ordenar algunos libros de mi biblioteca, he visto el catálogo completo de Giotto que compré en

Roma. En la primera página veo que lo firmé y puse la fecha: agosto de 1989. Hace treinta y seis años de aquel viaje del que no recuerdo ya muchas cosas... Estuvimos diez días en la ciudad, alojados en un hotelito pequeño cercano a la Fontana di Trevi. Sí que recuerdo los gatos dormidos en medio de las calles y que me alquilé una bici y, subiendo cuestas, me di cuenta de que era verdad lo de las siete colinas. Recuerdo que quisimos ir a una discoteca, preguntamos por alguna y nos mandaron a una especie de puticlub rarísimo. Recuerdo que comimos fetuchini en el famoso restaurante *Alfredo* bajo las fotografías de Marilyn Monroe y de no sé cuántos famosos más que, como nosotros, habían comido allí aquellos fetuchinis y también recuerdo haberme acostado en un banco de la Capilla Sixtina para ver mejor las pinturas, cosa que ahora está totalmente prohibida. No existe ninguna foto de todo aquello porque aunque tiramos un carrete completo de 36, al volver a casa y llevarlo a revelar, resultó que lo habíamos enganchado mal al instalarlo en la cámara y no había salido ni una de las que nos hicimos.

El libro de Giotto es lo único que queda de aquel viaje de hace tantos años.

Lo abro y veo que comienza con una serie de imágenes de los frescos de la basílica de San Francisco de Asís que se destruyeron por un terremoto en 1997. Pero el libro no lo sabe, ni tampoco que tras 160 000 horas de trabajo y dos millones de euros fueron restaurados de nuevo. El libro está parado en 1989, eternamente joven. Solo los recuerdos envejecen, se agrietan y se van borrando hasta que un día los restauramos con delicadeza y les pasamos un pincel suave y cosquilleante por encima para quitarles el polvo del tiempo.

■

El vendedor

– Hola, quería un libro pero que no me caliente mucho la cabeza. Que bastantes cosas tenemos en la cabeza para que nos la calienten más.

–Mire, este le va a gustar.

–¿Y cómo es?

– Es un libro de los de piscina.

(Escuchado en la sección de libros de El Corte Inglés)

■

Viaje en tren

José Luis Melero, Fernando Sanmartín y yo nos su-
bimos ayer al tren chu chú del parque José Antonio Labordeta en Zaragoza a dar una vuelta. Ellos no hacían
ese viaje desde que eran niños y ahora que veo esta foto
tan bonita me doy cuenta de que vivir y envejecer es una
cosa preciosa porque lo bueno va viniendo inesperada-
mente y uno puede volver a subirse a un tren que esperaba en el andén desde hace ni se sabe, como si no
pudiera arrancar sin nosotros y durante décadas estuviera allí pacientemente dormido como un dragón en su
cueva profunda en las películas de dragones. Aunque la
verdad es que con estos dos fenómenos yo me hubiera

montado, si me lo hubieran pedido, en un cohete a Marte impulsado a diesel y con el depósito en reserva.

Antes de nuestro viaje espacio-temporal habíamos estado en casa de Pepe que nos enseñó su maravillosa biblioteca y vi una cosa que no había visto nunca. Y lo dice uno que una vez tuvo en sus manos la primera edición de el *Quijote*. Es algo que debería abrirse al público una vez al año como los oratorios de los santos milagreros para que el personal besase el cristal de aquella vitrina en la que Melero tenía *Nuevas canciones* de Machado con la firma de Don Antonio, las dedicatorias de Juan Ramón Jiménez, de Cernuda, las primeras ediciones de Lorca... Pero lo emocionante, –lo que me estremeció hasta la rabadilla– era que, lejos de tener allí los libros solemnemente aislados y a la vista, estaban detrás de un batiburrillo acojonante de fotos que casi los ocultaban. Eran de sus amigos, de la gente a la que quería: fotos con Labordeta, con Félix Romeo, con el propio Sanmartín... Las personas estaban por delante de los libros pero a la vez los libros tenían algo de pandilla de amigos. Aquellos no eran libros para presumir ni para darse pisto: eran también su gente, con la que imagino que dialoga y disfruta. Pepe me dijo que una foto conmigo también acabaría en esa vitrina y la verdad es que es un honor que no merezco pero, por eso mismo –porque no lo merezco–, me han parecido tan misteriosos, tan extraordinarios, estos días y este pequeño viaje en tren.

∎

Puntos fijos

Tengo a Patrick Modiano en lo más alto. No es casualidad el que sus libros estén en la balda de arriba del todo –cerca ya del techo– como si fueran globos llenos de helio que se perdieran flotando hacia el cielo. Algunas veces subo a la escalera a acariciar sus lomos o a limpiar el polvo y no es raro que me detenga a hojear alguno de esos volúmenes finitos, maravillosos, siempre iguales y a la vez diferentes... Da canguelo subirse al último escalón y sin embargo me gusta tener esos libros tan queridos en esa balda –y no a la mano– para agarrarme a ellos como si fueran las grietas y las presas a las que me aferraba cuando escalaba y me daba igual tener el abismo a los pies. Por eso estoy muy contento con la concesión del Premio Nobel a este escritor que en mi vida es uno de esos *puntos fijos* de los que él habla a veces: "En el fondo Bowing estaba deseando salvar del olvido a las mariposas que dan vueltas durante breves instantes alrededor de una lámpara. Soñaba, decía, con un gigantesco registro donde quedasen apuntados los nombres de los clientes de todos los cafés de París en los últimos cien años, con mención de sus sucesivas llegadas y partidas. Lo obsesionaba lo que él llamaba "los puntos fijos". En ese fluir ininterrumpido de mujeres, de hombres, de niños y de perros, que pasan y acaban por desvanecerse calle adelante nos gustaría quedarnos de vez en cuando con una cara. Sí, según Bowing, en el maelstrom de las grandes urbes era necesario hallar unos cuantos puntos fijos".

■

Alegría

Suelo leer por las noches después de cenar echado en el tresillo arropado con una mantita. Cuando me ve coger el libro Misha se acuesta en el respaldo para que la cubra también con su manta fina a juego con su pelaje. De hecho es acurrucarse bajo la manta y comienza a ronronear. Leo bajo ese ronroneo como si escuchara el crepitar de una hoguera. Antes ponía música clásica pero, desde que descubrí las bondades de leer escuchando a la gata, los pobres Monteverdi y Bach están en paro. A veces se calla porque se ha dormido o está entretenida haciendo un masaje a la tapicería del tresillo y destrozándola. Si el libro que estoy leyendo es bonito no me doy cuenta, porque es el propio texto el que parece ronronear o, a lo mejor, soy yo mismo. Pero, si el libro no me está atrapando noto el silencio acentuado por el triste ruido del sube y baja del ascensor. Entonces acaricio la cabecita a la gata como quien añade leños a una chimenea y vuelve el ronroneo. Hay libros para los que necesito ronroneo externo –por decirlo así– y otros, que llevan de suyo el ronroneo, que me arrastran y con ellos no sé si afuera en la calle los borrachos vociferantes de cada madrugada se matan o no se matan porque esos textos son como batiscafos descendiendo a las fosas profundas del mar. Pero – ya lo he confesado– hay otros libros para los que requiero ayuda felina y, antes de pasar cada página, toco la cabeza peluda para que el animal vuelva a su run run y yo pueda tomar impulso. Anoche estuve leyendo *Alegría* de Manuel Vilas y me he puesto a pensar en si le palpé mucho o poco la cabeza a mi gata.

–Mucho, Javier...

–Misha, lo que te toque o no te toque debe quedar entre tú y yo, que esto es un libro, no el *Sálvame de Luxe*.

–Joder, no te mosquees. Yo sé que al Vilas lo aprecias mucho. Tal vez tiraste tanto de ronroneo porque el libro, aunque es bonito, también es triste –que la alegría solo está en el título– y, a lo mejor, necesitabas un plus de calor felino.

—No lo sé Misha. No lo sé...

∎

Hojas en la tierra

Los libros son como los muertos: con el tiempo huelen a tierra, a maravillosa tierra mojada. Estoy ahora enfrascado con *Posada Japonesa* de Oliver Statler en su primera edición española de 1964 en la editorial Luis de Caralt, un libro que narra la historia de la posada Minaguchi-ya de Okitsu, frente a la bahía de Suruga, que durante veinte generaciones perteneció a la misma familia. Me entero por Google de que la construcción de una autovía aisló a la posada y provocó su cierre en 1985 y que el nuevo comprador –que nadie conoce– la mantiene cerrada desde entonces, prohibiendo a la familia a la que perteneció durante casi cuatro siglos que visite sus jardines. En la cocina hicieron un pequeño museo de la historia del edificio pero el resto está vacío y abandonado. Anoche, tras leer esto, puse el libro de Statler a mi lado en la almohada y pensé que era como un fantasma: que en él la posada no sabía que había muerto –como en *El sexto sentido,* aquella película de Shyamalan–. Y aspiré el olor profundo, melancólico, de las páginas... Como si aquellas hojas fueran en realidad las de un árbol, caídas a tierra al llegar el invierno.

■

El regalo

–Al leer un libro de Aquilino Duque vi que citaba *Diván meridional* de Manuel Díaz Crespo, así que lo compré. Era una recopilación de artículos, y uno de ellos estaba dedicado a Joaquín Rodrigo Murube al que tampoco había leído y que en *Discurso de la mentira* –el libro suyo que pedí en *Iberlibros* en su primera edición de 1943– habla de otro escritor –José María Izquierdo– del que nada sabía y cuyo libro sobre sus paseos por Sevilla está viniendo a casa en este momento...

–Javier, perdona que lo maúlle así directamente pero me flipa esta cadena tuya de viejunismos. Parece la noche de los zombies y que cada muerto de esos que lees despertara a otro...

–De maullar, comer y abonar areneros sabes mucho, pero de libros estás más pelada que el culo de un mandril, Misha. En lo único que aciertas es que estos muertos que leo están muy vivos.

–Debió haber un *escritor antecessor*, un primer libro prehistórico que fue el que te metió en ese endiablado laberinto de recomendaciones geriátricas, que es como si vivieras en una residencia de ancianos diseñada por los que hacen las tiendas de *Ikea*.

–Lo hubo Misha: Azorín.

–La cagáramos fuera del arenero... Azorín... Manda cojones, lector de Azorín. Eso explica todo. Y cómo fue que te dio por juntarte con esa momia...

–Nunca lo había leído y me regalaron un libro suyo –*El cinematógrafo*– por mi cumpleaños. Fue Julián Rodríguez y el libro venía envuelto en papel dorado junto a un *Penthouse* también de regalo.

–Joder, un *Penthouse*.... Sí que fue en el año de Maricastaña. La gente joven no sabrá ni lo que era el *Penthouse*.

–La vida misma era, Misha... Vino en aquel paquete la lozanía y lo muerto, todo mezclado, por eso desde entonces no distingo ambos y no me fío. Porque hay cosas aparentemente vivas que en realidad están muertas y otras al revés: pensamos que yacen en el cementerio y, como decía la canción, estaban de parranda.

–Hombre Javier, de parranda no parece que tenga cara de estar el pobre Azorín en la portada, que he visto Cristos crucificados con mejor rollo y más sonrientes que él.

–Qué sabrás de sonrisas Misha. Los gatos parece que siempre estáis sonriendo y seguro que la procesión la lleváis por dentro.

– También es verdad...

■

Leer en el desierto

Me he comprado hoy un libro con algunos textos de Villarroel que no tenía y, al juntarlo con sus hermanos villarroelianos, he recordado que leí *Correo del otro mundo* y *Sacudimiento de mentecatos* durante la excursión al oasis de Chebika, un verano en el que nos apuntamos a un viaje organizado recorriendo en autobús todo Túnez. Aquel día el aire acondicionado se jodió y, más que autobús, aquello parecía una sauna con ruedas. Un tío catalán que tenía un reloj Casio con termómetro iba informando de la temperatura que iba alcanzando aquel crematorio móvil: llegamos a estar a 52 grados. Yo sobrevivía concentrado leyendo a Villarroel, porque además no había nada que ver, tan solo el desierto a izquierda y derecha y una carretera de 60 kilómetros en línea recta que según parece habían hecho los rusos –que no me quiero imaginar el choque térmico que debieron sufrir los pobres al pasar de las nieves de Siberia a aquel desierto–. Todo el mundo iba sudando como la fruta en los cuadros hiperrealistas y cagándose en los moros y en las madres de los moros. Solo yo estaba en silencio, en otro siglo y otro lugar. El chaval que estaba al otro lado del pasillo me sacó de ese abismo al confesarme que lo estaba flipando totalmente. Que había estudiado filología hispánica y sabía quién era Villarroel, pero que nunca había conocido a nadie que lo hubiera leído y menos en un infierno como aquel... Aún recuerdo lo que le contesté: que precisamente viajando en un microondas como aquel solo tenía dos opciones: o leer o morir...

De alguna manera, siempre –no solo aquel día– esas son las dos posibilidades. Ese el dilema.

■

Jan Morris no ha muerto

Acaba de salir en la editorial Zut la biografía de Jan Morris escrita por Alberto Olmos. Cuando me enteré el año pasado de su muerte incluso lloré, porque a los escritores y escritoras que me gustan mucho les cojo tal cariño que son como de la familia y me parece que todo lo que escriben fueran cartas dirigidas a mí solo. Como soy tímido y leo muchos libros de memorias y no la novela del año o del siglo, para mí leer es escuchar una voz, sentir que alguien me habla... Y eso es precioso porque los tímidos sabemos lo que es que nadie nos dirija la palabra. Por eso me preocupo por los escritores que me gustan y, si están ya mayores, entro de vez en cuando en Google solo para ver si siguen vivos. Si los tengo en Facebook de amigos me gusta ver en sus fotos que pasean, se cuidan y se les nota felices. Me quedo tranquilo si veo que hacen bolos y ganan dinero. Si fuman, beben o se drogan me gustaría decirles que fumaran, bebieran y se drogaran con moderación. Con los escritores buenos pasa lo que con los niños: que no deberían morir nunca. He cogido de la estantería el libro *La casa de una escritora en Gales* y, al releer las últimas páginas en las que Jan habla de cómo será su lápida y dónde la enterrarán he vuelto a sentir ganas de llorar, como si acabara de palmarla hoy y no hace un tiempo.

Luego he pensado que a lo mejor es que en realidad ella está ahí en el libro, viva y enroscada como una gata dormida. Y que cada vez que cojo el libro abre los ojos como Misha cuando la cosquilleo tras las orejas. Vamos que en lo de los libros posiblemente pase lo mismo que en las películas del oeste: que solo mueren los malos.

■

Sentido del tacto

El otro día en un documental en la televisión sobre el sentido del tacto salió una de las dos únicas personas que existen en el mundo que no lo tienen. No recuerdo el nombre raro que tenía la enfermedad, pero sí que pensé que tenía miga que, para una cosa que solo sufren dos pacientes, se hubieran inventado un nombre. Remedio no tenía el asunto, pero nombre sí. Era una mujer de mediana edad que estaba en silla de ruedas ya que no podía andar porque el equilibrio depende de las sensaciones que recibimos de las plantas de los pies. Tampoco era capaz de coger nada ni usar las manos ya que no controlaba la presión que utilizaba al hacerlo. Con los ojos tapados era incapaz de saber si la estaban tocando o no y si ponía el brazo en un fuego se lo asaba como alita de pollo del *Kentuky Fried Chicken* antes de darse cuen-

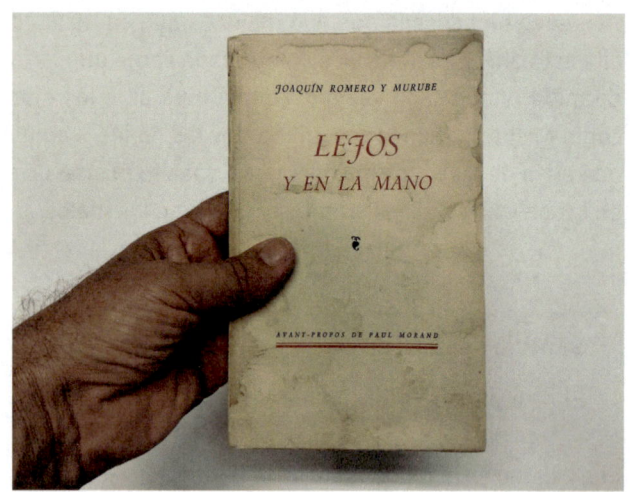

ta del estropicio. O sea, que lo llevaba crudo; por eso el locutor insistía en la importancia del tacto en nuestras vidas. Luego el documental pasaba a hablar de prótesis robóticas para amputados, que eran cada vez más sofisticadas e inteligentes y, para mostrárnoslas, visitaba un laboratorio de Edimburgo donde estaban probando una mano que era una maravilla. Me quedé a cuadros porque aprendía sola y, sobre todo, porque tenía sensibilidad y cuando cogía algo, el que la llevaba instalada sentía ese algo, su dureza, su calor o frío. Vamos que era una mano que, por su versatilidad, lo mismo te valía para echar una pizca de orégano al arroz de verduras que para cascarte un pajote en la siesta. Pero la cosa no quedaba aquí, porque el documental pasaba al asombroso tema de cómo tocar cosas que no existen. Y no se refería a fantasmas sino a cómo interactuar con objetos virtuales. Unos chavales en una empresa de esas que tienen mesas de ping pong en la oficina acababan de inventar un aparato curiosísimo. Según parece desde hace años se estaban probando guantes y apaños muy primitivos para que la experiencia inmersiva en mundos virtuales no fuera solo visual y auditiva sino también táctil. Pero funcionaban regular –por no decir en plan Rosalía que malamente–, por eso aquellos fenómenos habían creado una especie de combinación de ultrasonidos y mini corrientes de aire o no recuerdo qué coño, pero el caso es que salía un colega que probaba el chisme. En la pantalla de un ordenador aparecía una bola –puro pixel– y el pavo al hacer el gesto de agarrarla sobre un pequeño dispositivo que había junto al teclado confesaba asombrado que había sentido la bola, que había notado el tacto y su redondez... Como si pudiera agarrarla, al igual que yo en la foto hago con *Lejos y en la mano*, el libro de Joaquín Romero y Murube que estoy leyendo ahora. Estos textos míos tienen algo de viaje en el metro de un forastero que se pierde y cambia de líneas varias veces dando más vueltas que una peonza para llegar a donde quería ir. Los pocos que leáis enteros estos sermones de la montaña míos os habréis dado cuenta de que no hay plano ni hoja de ruta en mi escritura, sino que, como se suele decir, simplemente una cosa me lleva a la otra. Eso me ha pasado al ver el libro de Murube en mi mano: que he recordado aquellas otras protésicas o las que cogían píxeles como quien coge una caña de cerveza y he pensado que el libro es primo de esas manos porque básicamente es también una mano. Algo que nos ayuda a sentir y coger el mundo, pero de una forma extraña y maravillosa porque –como los cacharros más avanzados– no solo nos acerca a lo tocable y corpóreo sino que también al leer abrazamos lo lejano, lo que ya no existe o tal vez nunca existió. Las calles de Sevilla por las que me lleva este libro de 1959, por ejemplo, ya no están en Sevilla sino solo en estas páginas amarillentas. Leerlas es como coger la bola aquella que rodaba por la pantalla, es caminar por calles hechas solo de aire y recuerdos. El libro es la mano gigante de aquella conferencia de Ramón Gómez de la Serna que planeaba poco a poco hasta posarse sobre la mesa o sobre el mundo. Pero también es el milagro, lo que pasa a veces follando, cuando uno está besando o acariciando un cuerpo cercano y siente de repente –como una revelación– que también estamos tocando algo lejano e inmaterial: el alma, la inteligencia, el corazón: da igual el nombre. El libro produce también ese doble asombro: el de traernos el calor de una espalda pegada a nuestro pecho y, de vez en cuando, hacernos sentir que aquel cuerpo –o texto– que abrazamos en la noche es inmenso y lleno de caminos que se pierden en el horizonte. Que no tocamos solo un cuerpo, sino el tiempo, los sueños...

■

Staedtler 1

–Te veo muy pensativa Misha.

–Sí.

-¿Y en qué piensas?

–En el tornillito que sujeta la cuchilla del afilalápiz que has dejado en la mesa.

–Gran tema sin duda...

-¿A ti también te pasa que te da que pensar verle ahí ilusionado esperando como aquel tío que esperaba a un tal Godot que nunca llegaba?

–También me pasa Misha. En mis cincuenta y nueve años de vida, de afilar lápices y ver como otros los afilaban jamás he conocido a nadie que, cuando la cuchilla se desgastara, cogiera un destornillador y la sustituyera por otra. Lo que hacían era tirar el afilalápiz a la basura.

–Ese pobre tornillo se debe sentir mal, debe pensar que es un inútil.

–Los que somos unos inútiles somos nosotros que, a base de tirar sacapuntas a la basura, vamos a acabar con los recursos naturales del planeta.

–El fabricante que puso ahí el tornillo sin duda era un optimista.

–A lo mejor es un tornillo falso, de adorno, como los bolsillos de algunas camisas y si a alguien se le ocurriera intentar aflojarlo vería que aquello no se movía un pelo.

–No me extrañaría. El capitalismo se las gasta así...

–Me encantaría leer solo libros geniales, de esos que hay que subrayar enteros. Y tener que afilar el lápiz cada dos por tres para gastar la cuchilla rápidamente y ser el primer humano en sustituir una.

–Ahora eres tú el optimista Javier... Libros subrayables de principio a fin... Antes encuentras un político razonable en España que un libro de esos.

–Soñar es gratis Misha.

-Sí. Por cierto este Staedtler 1 de metal es una preciosidad. En el ranking de los mejores afilalápices de 2019 de la web *Toolea* quedó en octava posición y eso que competía con los eléctricos...

-Y ya que sabes tanto de afilalápices Misha ¿En qué web has leído que para afilar las uñas de gato valgan los tresillos?

-Ya estamos con sarcasmos.

■

Un cuento de Calvino olvidado

Me ha interesado mucho el fantástico libro de Neil Shubin *Tu pez interior* en el que se habla de nuestro antepasado el Tiktaalik, un pez de hace 375 millones de años al que le dio por salirse del agua a pasear por las playas. Según parece, podía hacer flexiones y en esto se ve que en verdad venimos de él –no hay más que ver la fiebre de gimnasios y masudos que padecemos–. Leyéndolo anoche recordé aquel cuento de las *Cosmicómicas* de Italo Calvino que trata sobre el mismo asunto: sobre los primeros peces que abandonaron el medio acuático allá por el Carbonífero. Han pasado un par de lustros desde que lo leí –que en términos evolutivos no es nada, pero para mi cabeza son eras geológicas–. Recordaba que la historia contaba que una pez se enamoraba de su primo que, a pesar de ser también pez, pertenecía a una familia más moderna –más snob– y ya eran de los que campaban por el barro en plan anfibio. La familia de la chica era más tradicional y se resistía a abandonar el agua. El cuento era una especie de *Romeo y Julieta* solo que con branquias, escamas y mundos separados por la delgada línea de la superficie limosa del agua. Incluso creía recordar que tenía un final en plan folletín con la pez mirando desde el fondo con sus ojos acuosos a su primo, que se alejaba tierra adentro. Esta mañana he re-leído con asombro a Calvino: en realidad la trama va de un pez que liga con una pez. Los dos salen del río a corretear por la tierra pero el pez tiene a un tío abuelo que no quie-re abandonar el agua. Es un recalcitrante que se niega a evolucionar y defiende apasionadamente las ventajas de vivir en las cálidas aguas del pantano. Al jovenzuelo enamorado le avergüenza un poco que su tío abuelo sea un carcamal retrógrado y teme que, cuando le presente a su novia, ella le va a dejar por venir de una familia tan poco evolucionada. Pero ocurre lo contrario y la chiquilla se enamora perdidamente del tío abuelo y de la pasión con la que le habla de los légamos del fondo del arroyo y se lanza al agua para casarse con él y volver a ser una auténtica pez.

Viendo la diferencia entre lo leído y lo recordado, me doy cuenta de que no solo evolucionan las aletas, las agallas o pulmones sino también cómo ve uno las cosas, cómo soñamos y qué pensamos del amor y de todo en general.

■

A dónde van los ríos

Hoy ha llovido en Murca y resulta extraño escuchar el sonido de los goterones al caer en esta ciudad polvorienta en la que lo hace de higos a brevas. Así que ha sido bonito –por lo novedoso– estar leyendo con ese repiqueteo de fondo. Aunque ahora tengo a la gata acostada a mi lado, ronroneando mientras le acaricio el lomo y ya no se escucha el agua sino ese run run bajito. De repente he leído en el libro con el que estoy que al abuelo de Sergio del Molino los Padres Escolapios le enseñaron los nombres de todos los ríos de España y he pensado que debo ser una momia de la XVIII dinastía faraónica, porque a mí también me enseñaron los nombres de todos los ríos. En clase a veces el maestro desenrollaba como si fuera una persiana un mapa grande y sin nombres en el que estaban dibujados las montañas y los ríos que teníamos que ir señalando y nombrando cuando nos llamaba para salir al encerado. Entonces uno se bañaba en el río en verano y los peces te mordisqueaban los dedos de los pies y había pesqueras y cuerdas en algún árbol a la orilla para hacer el Tarzán y lanzarse gritando a las aguas... Pero los ríos eran también la tristeza de aquellos versos de Manrique que nos leían en el colegio y, sobre todo, la honda melancolía de aquella preciosa serie de televisión, *Viaje por los ríos de España,* que veíamos sorprendidos de que en nuestro país hubiera tanto río siendo tan seco... Me gustaba mucho la música con la que comenzaba, pero no la recuerdo (podría buscarla en Google y escucharla pero prefiero recordar sólo que me gustaba mucho). No puedo olvidar sin embargo con qué frescura nacían los ríos, juguetones como niños, saltando en cascada, bullendo en mil fuentes... Y luego cómo seguían su curso y bañaban ciudades o pasaban bajo puentes para –poco a poco– avanzar hacia su desembocadura cada vez con más lentitud, como abuelos, cansinamente. Llegar al mar era la despedida y cada capítulo nos dejaba tristes porque nos hubiera gustado estar siempre salpicando y

jugando en la corriente de aquellos arroyos recién naci-
dos. Que los días y el agua no se perdieran en la arena de
ninguna playa lejana.

Y ahora que es de noche y no se escucha nada (como
estoy escribiendo esto, he dejado de hacer cucamonas a
la gata y se ha callado), me pregunto dónde irá a parar el
aguacero que ha mojado esta tarde las calles –que es un
modo de preguntar también dónde van los días de una
vida, el río de la infancia–. Hay una canción de Silvio Rodríguez en la que se pregunta dónde va lo común, lo de
todos los días... se pregunta incluso dónde estará el café
de ayer. Una vez busqué vídeos en *Youtube* en los que la
cantara y encontré seis o siete. En algunos era un joven
de pelo negro y brillante, en otros –décadas después– un
anciano calvo. Solo se mantenía inmutable su voz extraña y profunda y la pregunta repetida. Puede que vivir sea
eso: preguntarse hacia dónde marchan las cosas mientras uno mismo fluye a través de los años como un río:
bañando ciudades, pasando bajo puentes, mezclándose
con otras aguas, acercándose al mar...

Pero ya es tarde y no quiero preguntar nada. Solo quiero volver al libro y a escuchar de nuevo el run run gatuno
como si fuera el motor de un coche que arrancase para
llevarme lejos.

■

Sueño que leo

Siempre leo en la cama un rato antes de dormir y, a veces, sigo incluso ya dormido. Me pasa que de repente noto que hay un giro extrañísimo y absurdo en la trama del libro que me traigo entre manos y eso hace que, en una especie de iluminación, me dé cuenta de que, en realidad, estoy durmiendo, soñando que leo. Entonces me despierto de golpe.

Aunque, pensándolo bien, incluso despierto uno sueña lo que lee.

■

El tiempo detenido

En *El río de la conciencia* de Oliver Sacks, en el capítulo *"Velocidad"*, que trata sobre las diferentes percepciones del paso del tiempo, Sacks recuerda el estudio que hicieron en los setenta en Iowa los investigadores Russell Noyes y Roy Kletti entrevistándose con personas que habían sobrevivido a accidentes aparentemente mortales. Todos los sujetos contaban que en aquellos instantes el tiempo se había dilatado enormemente hasta casi detenerse y se experimentaba una especie de revisión de toda la vida pasada. Eran experiencias marcadas por la sensación de desamparo y pasividad, a veces casi como si uno mismo fuera un espectador, pero a la vez había en casi todos los casos una sensación de aceptación, casi de bienestar.

Yo pensé también que iba a morir una noche, hace ya casi veinte años, cuando un coche que estaba participando en una carrera ilegal embistió el mío por detrás a 200 kilómetros por hora. Eran las doce de la noche de un frío día de diciembre y atravesaba el puente Vasco da Gama de Lisboa. Con el golpe mi coche voló y se deslizó treinta metros sobre la barandilla como hacen algunos skaters solo que en vez de caer a las aguas oscuras y congeladas del Tajo cayó de nuevo hacia el asfalto. Todo debió durar dos o tres segundos, pero fueron los dos o tres segundos más importantes de mi vida porque aún los recuerdo con mucha paz. Pensé ¡ya está, hasta aquí he llegado! Todo era silencio y quietud. Veía chispas, humo y piezas del coche por toda la carretera, pero a la vez estaba tranquilo porque las cosas parecían suceder al otro lado de un cristal blindado. Pensé también que no había llevado mala vida: que de lo bueno –besos, libros, risas, noches de hacerse masa humana con los amigos –lo había probado todo (ni imaginaba entonces todas las maravillas que aún no había conocido). Pero hubo un pensamiento que me ocupó muchísimo tiempo de aquellos tres segundos y fue mi preocupación por quién podría hacerle a partir de entonces las croquetas de setas a mi mujer. Le gustaban mucho aquellas croquetas que yo le hacía. Iba a morir, a caer al río helado tal vez con alguna fractura, ahogándome dentro del coche mientras descendía hasta el fondo oscuro... y mi último pensamiento antes de hacer mutis por el foro era culinario: las croquetas de setas.

Sobreviví –esto tal vez es obvio– y una noche dos años después en Salamanca, llegué al hotel en la alta madrugada tan feliz que, al caer en la cama, me entraron escalofríos y temblores. Había sido un día de felicidad absoluta, de esos que no cabían en él más risas, más cosas buenas, más amigos... Por eso, al poner la cabeza en la almohada pensé de repente que en realidad estaba muerto. Que había algo rarísimo en aquel día de una perfección sospechosa. Vi totalmente claro que aquella noche en Lisboa en realidad había caído hacia el río y la había palmado y toda aquella fiesta salmantina no era sino lo que los cristianos llaman cielo. Ayudó a esta convicción el importante cebollo que llevaba...

Hacía muchísimo –desde mi divorcio– que no hacía croquetas de setas y esta noche tras leer a Oliver Sacks las he vuelto a preparar pensando en aquel puente de Lisboa, en aquel hotel de Salamanca, en Proust y su magdalena, en *Rosebud* –el trineo de *Ciudadano Kane*–.

∎

1949. *La sesión de poesía organizada por el Emperador*

Nieve de la mañana

Estoy leyendo *Cuatro años en la corte del Japón*, el libro de Elizabeth Gray sobre su estancia en aquel país entre 1946 y 1950 como preceptora del príncipe heredero Akihito y me he encontrado la descripción y una maravillosa imagen de la sesión anual de poesía organizada en palacio por la *Oficina de la Poesía de la Casa Imperial*, un acto que se organiza una vez al año desde ya más de mil. Total, que a las diez de la mañana del 23 de enero de 1949 se juntó la gente de esta fotografía para leer los poemas que habían escrito tanto el emperador como la emperatriz y también los de los dieciséis premiados mandados por plebeyos desde lejanas prefecturas. Cada año los poemas debían versar sobre un tema y el de 1949 fue *Nieve de la mañana*. Elisabeth mandó uno como prueba de amistad –dice ella– que tradujeron al japonés en *La Oficina de la Poesía* y se leyó aquella lejana mañana:

"La nieve de la mañana
Es espesa y blanca,
Y brilla en
La luz temprana.
Quién sabe qué
Pasos destruirán
Su albura
Antes de anochecer"

Villon se preguntó –pensando en la brevedad de nuestras vidas– por el destino de las nieves de antaño y Bécquer escribió que somos algo todavía más evanescente: solo rocío sobre un prado que se evaporará al amanecer. Como he sido montañero, he visto bastantes veces en Gredos ese brillo de la nieve al amanecer del que habla el poema y sé con qué facilidad se convierte en barro horas más tarde. Sin embargo al fijarme en la imagen he sentido que aquella gente no estaban hechos de nieve como los muñecos de Navidad: parecen puro hielo, como si estuvieran congelados en el tiempo. He ido a muchas lecturas de poesía, desde las rollo hipster –cerveza en mano en plan coleguita–, hasta las rarunas perfopoéticas o las viejas y solemnes de toda la vida... Pero nunca había visto una gente como la de esta foto (parecen las esculturas de la fachada de Abu Simbel) que aquel enero de hace setenta y seis años pensaban en la nieve de la mañana... En lo poco que dura la nieve, en lo poco que dura la vida.

El verano ha pasado muy rápido y aquí en Corvera hace mucho calor, pero al mirar esta foto he sentido algo de aquel frescor de la nieve espesa y blanca de la que hablaba Elisabeth y me ha parecido estar ahí con ella sentado mirando al infinito...

Luego, al ver el amarillear de la página, he pensado que ni siquiera en las fotografías o los libros la albura resiste hasta la noche... Tal vez lo haga solo en los sueños.

■

La noria

Estos días estoy disfrutando del precioso libro *España no es país para ríos. Viaje por las aguas que una vez amamos* de Ramón J. Soria Breña, por eso he recordado el Jerte –el río de mi niñez– en el que nos bañábamos en un lugar que se llamaba *La Pesquera*. Para ir allí se cruzaba el puente viejo y, justo al final, tomábamos un caminillo de tierra que bordeando el río llegaba al cabo de un kilómetro a aquel bañadero. Allí había un modesto chiringuito de madera y chapa donde, como si fuera una fiesta, mi madre compraba dos Mirindas que se repartían equitativamente con una precisión milagrosa entre los cuatro vasos de los hermanos. Recuerdo que los peces te picoteaban los pies y las truchas saltaban aquí y allá subiendo el río. Al atardecer volvíamos cansados y felices. Hacia la mitad del camino, al otro lado de un muro, había una noria en la que un burro daba vueltas. Nada de aquello existe ya: ni la pesquera, ni el camino, ni el chiringuito de las Mirindas. Tampoco niños caminando en las tardes de verano camino del baño... Solo queda un burro que lentamente da vueltas en mi cabeza y que parará cuando yo muera.

■

La cólera de Vullvur

Estoy sentado en el pequeño tresillo de la biblioteca al lado de la ventana abierta por la que entra un viento fresco, el sonido de truenos lejanos, el piar de un pájaro y las conversaciones en bereber de los chicos del barrio. De repente se ha levantado una ventolera y el piar se ha apagado. Ya con la ventana cerrada escucho cómo la tormenta se va acercando y sigo imaginando la novela cuyo título me vino como una revelación a mediodía mientras conducía por el puerto de La Cadena –*La cólera de Vullvur*– y que pienso que me va a llevar a ser finalista del Planeta. Como todas estas historias que imagino de vez en cuando, no puede ser un bodrio y un pastiche más grande, por eso mismo me veo como de finalista en la gala en Barcelona al lado de la ganadora –alguien tipo Maruja Torres o Elisa Beni–. Bueno, allá va (y si hay aquí alguien que se dedique al cine o la tele le vendo el guion por cien euros): estamos en un invierno de los siglos oscuros a finales de la segunda Edad del Hierro en la cuenca entre el valle del Jalón y el alto Ebro. Los lusones, los tittos, los pelendones, los bellos, los vácceos, los arévacos y otras tribus iberas habitan un territorio azotado por el viento y las nieves. El libro comienza con el guerrero –así, sin nombre– atravesando un bosque. Nada se sabe de él: ni de dónde viene ni a dónde se dirige. Cae la noche y descubre a lo lejos el brillo tenue de unas hogueras donde buscará refugio. Es una pequeña aldea donde le reciben con amabilidad y le permiten pasar la noche. Es una gente extraña, un lugar sombrío y nuestro guerrero ve que todas las mujeres son ciegas. Intrigado preguntará el porqué y el chamán le contará que a todas las niñas se les queman los ojos con fuego al nacer para que no vean a Vullvur cuando acudan a la cueva de Uxama a llevar la ofrenda que cada diez años le entregan a ese dios: que no es otra cosa que una joven virgen a la que eligen y no ciegan y que, en un ritual de sangre, sexo y mundos subterráneos, será víctima de la criatura que tras la orgía se retirará a las sombras por otra década. El ritual va a tener lugar en tres lunas y el guerrero es invitado a quedarse pero –como podéis suponer, porque no desdeño el topicazo– la tal virgen seleccionada para la ofrenda está para parar un carro de bueyes (el tren de la época) y, como nuestro anónimo guerrero con su barbita, su falcata y su cara de malote también tiene lo suyo, se gustan y a escondidas echan un polvo extraordinario (en esta parte del folleteo tengo que estar fino, porque, si lo clavo y doy con la tecla del tono, me forro y dejo a la Megan Maxwell destronada). Total, que el guerrero y la ya no virgen emprenden la huida con la tribu cabreada tras ellos. Pero a esos rastreadores se va a sumar el propio Vullvur que en realidad es un ser pulposo, un alien venido de lejanas galaxias, un médico perverso interestelar que usa a esas vírgenes que le ofrecen para realizar macabros experimentos con vistas a crear una especie híbrida. Así, con persecuciones, nieve, tecnología ovni y, sobre todo, un amor sudoroso y épico entre la chavala y su protector, se desarrollará una road movie en la que nuestra parejita intentará llegar al Levante para seguir allí al calorcito con el metisaca, lo que solo conseguirán enfrentándose a enemigos de este y otros mundos.

Aunque a lo mejor, si esta tostada funciona, el que se planta en el Mediterráneo es un servidor y me compro en Mazarrón un chalet al ladito justo del de Arturo Pérez Reverte.

■

Dos vidas

El domingo estaba leyendo en casa después de desayunar y, como hacía un día soleado pero aún fresco, decidí bajarme a la calle y acabar el libro en un banco para dorarme un poco. Me senté en el que está en la carreterilla que cruza el pueblo bajo una higuera porque a esa hora se estaba allí de muerte entre sol y sombra. Casi no pasaban coches pero de repente escuché uno que venía a toda hostia con las ventanillas bajadas y una música flamenquita horrorosa a todo lo que daban de sí los altavoces –que casi vibraba el capó del chunda chunda–. Como a la altura de mi banco la calzada tenía uno de esos badenes para que los vehículos frenen un poco, pude fijarme en el que pilotaba aquella nave: un cuarentón calvo y bastante feo que casi no llegaba al volante de lo bajito que era. Pensé que vendría de fiesta e iría a meterse un último pollo de coca en la explanada de la gasolinera del puerto de la Cadena antes de recogerse. Me colé, porque a los dos minutos escuché a lo lejos un temita insecticida de *El Barrio* y le vi venir en dirección contraria a la que acababa de pasar... Y así, como un preso que recorre su celda de un lado a otro o un hámster en su rueda, aquel hombre pasó decenas de veces arriba y abajo dando vueltas al pueblo. Me dio mucha ternura y me compadecí de él pensando en que vaya vida de mierda debía tener si su diversión un domingo por la mañana era coger el coche y dar acelerones por las cuatro calles desiertas del pueblo..

Pero en una de aquellas vueltas me miró al pasar –a un pringado, apalancado en un banco libro en mano–, y me di cuenta de que debía pensar lo mismo de mí que yo de él. Y eso estuvo bien y fue una cura de humildad, porque por un rato creí que mi vida era mejor que la suya, cuando a lo mejor solo era más silenciosa.

■

Abrir las ventanas

Me da la sensación de que debo ser el único español –casi podría decir el único ser humano en general– que está leyendo ahora a Luis de Oteyza. Como me gustan los libros de viaje y los reportajes qué destino mejor para ir que ese destino lejano, inaccesible y además económico que es el pasado. Así que aquí estoy con esta segunda edición de 1931 de las crónicas viajeras de Luis. Acabo de leer la de su viaje en avión de Getafe a Lisboa invitado por la compañía aérea para promocionar la idea de que se puede hacer turismo viajando en avión. El Junkers –nos cuenta– tiene nueve plazas: cinco sillones en un lado y cuatro en el otro en el que se abre la puerta. Como es de cabina cerrada se sorprende de lo bien que se puede conversar durante el vuelo. En los de cabina abierta en los que uno iba recibiendo el aire en la cara era, según parece, imposible. Durante el vuelo van reconociendo los ríos y arroyos de Toledo y Extremadura y, en un momento dado, una de las pasajeras –una bailarina de los ballets rusos– aprovecha para dar unos pasos de baile que todos admiran. Luego, un poco sofocada, se asoma por la ventanilla para disfrutar del paisaje y sentir el fresco. Esta imagen fantástica de alguien asomándose desde un avión me recuerda algo que leí en un libro de un autor inglés –no recuerdo exactamente de quién– en el que contaba que durante un vuelo pidió permiso para fumar a una dama que viajaba a su lado y cuando lo tuvo abrió la ventanilla del avión para que el humo se fuera y no la molestara. Me maravilla esto del abrir y cerrar las ventanillas de los aviones, pero a la vez me doy cuenta de que yo mismo seré causa de admiración si dentro de cien años alguien lee esto, porque en mi juventud también se abrían y cerraban las ventanillas de autobuses y trenes. Y lo que los del futuro no imaginarán son las trifulcas que a veces se montaban entre los partidarios del abrir y los del mantener cerrado. Y a lo mejor se sellaron las ventanas no por aerodinámica o termodinámica, sino por el deseo de que no estallase la tercera guerra mundial entre los viajeros.

Pero en el vuelo de Oteyza solo iban cinco pasajeros y era fácil la concordia. Llegaron a Lisboa en 2 horas y 55 minutos, más del doble de tiempo de lo que se tarda hoy. Pero esto del tiempo es tan relativo... Y más para los muertos y cubiertos con el polvo del olvido como Luis de Oteyza que resucita aquí durante un minuto –lo que se tarda en leer este texto– para luego volver a fundirse a negro ni se sabe hasta cuándo.

■

Del modo de coger los libros

De adolescente me gustaba una de las gemelas Redondo. Parece mentira que haya olvidado su nombre y sin embargo recuerde el de su hermana Maria José. Su padre tenía una fábrica de cubitos de hielo –Hielos Redondo– y algo de esa frialdad se le debió pegar a mi gemela (llamémosla gemela X). Una vez, tras mil intentos, conseguí que X aceptara bailar conmigo un lento en la sesión de tarde de la discoteca Carol –una cosa de Julio Iglesias, creo que *De niña a mujer*–... Bailó con una rigidez cubitera pero había dicho que sí –me comentó– porque quería contarme que yo le gustaba a su hermana María José. Gran desastre porque yo la amaba a ella y, aunque los amigos me decían que ambas eran igualitas y que me apañara con la hermana predispuesta, yo erre que erre que no. En realidad sí eran iguales, pero yo era tímido y soñador, así que seguí en plan amor for ever detrás de X, mirando las estrellas y pensando en ella en vez de en su hermana. Resultado: tres años de melancolías, imaginando la suavidad de su boca y sin tocar bola... Así que, mientras esperaba en vano que X y yo fuéramos un solo cuerpo y, sobre todo, una sola alma, me di a la lectura para pasar las tardes y de paso adoptar un aire intelectual, misterioso y molón para así, tal vez, gustarle a la hermana correcta. No funcionó como estrategia seductora, pero la cosa es que le cogí gustillo a leer...

Tal vez la delicadeza casi sensual con la que cojo los libros tenga que ver con eso: con el deseo, con aquel hielo de hace mil años que nunca se derritió en mis manos.

■

Preciábame mucho

He leído los cuatro tomos de *Fray Gerundio de Campazas alias Zote* del padre Isla, los dos volúmenes del *Guzmán de Alfarache*, la segunda parte del Lazarillo escrita por Juan de Luna, *La lozana andaluza* y todos los libros raros de Torres Villaroel. He leído todo Eurípides y todo Sófocles en voz alta poniendo en las partes del coro un tono como de ultratumba. He leído *El Sueño* de Bernart Metge y los *Cuentos de Canterbury* de Chaucer. También la *Biblioteca mitológica* de Apolodoro y los poemas de Horacio. He leído el *Fausto* de Goethe y el de Marlowe y todo lo que se ha traducido de Patrick Modiano y de Natalia Ginzburg. He leído a Queiroz, algunos de sus libros en portugués y otros en ediciones mejicanas de los años cuarenta. He leído todo Eduardo Jordá, todo Steinbeck, todo Carver, todo Calderón, todo Walser... De los checos lo he leído todo y más: Seifert, Kafka, Ungar,

Weiss, Neruda, Perutz... Tengo leídos y releídos 135 libros de Azorín en sus primeras ediciones. Pero de los libros que he leído, a veces no recuerdo nada más que eso: que los he leído, aunque otras sí recuerdo muchas cosas. En algunas ocasiones a pesar de que parece que no se me ha quedado nada grabado en el disco duro de mi cabeza, de repente, me acuerdo con mucha nitidez de algún detalle, a veces un detalle absurdo. He leído en refugios de montaña a dos mil metros de altura y en criptas entre tumbas a cincuenta metros bajo tierra. He leído en hospitales, paseando perros, acariciando gatos... Leo muy bien andando –nunca me he caído por culpa de ir leyendo–. Durante los años que viví en Cáceres compraba libros todos los días de la semana porque encontré una librería que abría también los domingos para vender periódicos (era el día que no conseguía comprar libros hasta ese descubrimiento) pero el Día del Libro nunca compro ninguno. Hace muchos años lo dedico a mirar los que tengo y a añorar los que ya no tengo, los que perdí en el divorcio. Mi madre me dijo hace tiempo que lo mío con los libros era una enfermedad, que tenía que leer menos... Tal vez tenga razón, pero cuando me lo dijo recordé unos versos del *Libro de Apolonio* que leí hace cuarenta años: una niña de unos doce o años está leyendo y estudiando con su maestro y el poema dice *Non querie nengún día su estudio perder/ maguer mucho lazdraba cayole en plazer/ ca preciábase mucho/ e querie algo valer*. Aunque le fastidiaba estudiar y lo de los libros la zagala le cogió gusto porque preciábase mucho...

■

El electrobardo

En un verano lejano me leí de una tacada una docena de libros de Stanislaw Lem. Ayer –al ver un post en el que Patricio Pron cuenta que en Amazon ya están a la venta cientos de libros escritos por el *ChatGPT*– recordé uno de aquellos cuentos de Lem y volví a leerlo. Es sobre el invento de una gigantesca máquina que escribe poesía gracias a un algoritmo (Lem usó ya en 1965 –que es la fecha en la que fue escrito el texto– esta palabreja que se las quiere dar de joven). El *electrobardo* –que así se llama la maquinita escritora–, al principio causa la irrisión de los poetas porque sus versos son rancios, ya que el ingeniero que la ha construido no estaba al tanto de las nuevas corrientes literarias. Pero aprende rápido y acaba escribiendo en plan 24/7 –como se dice ahora– miles de poemas maravillosos que publican las revistas y periódicos. Aquí Lem hace un apunte genial, y es que cuenta que el *electrobardo* minó la moral y llevó a la desesperación a los poetas buenos –los que podían distinguir y apreciar la gran calidad de aquellos versos que inundaban todo–, pero que los escritores compulsivos, los poetastros de tercera, incapaces de ver que no le llegaban al electrobardo a la suela del circuito base, salieron indemnes y siguieron a lo suyo.

Hace unos días un conocido comentó que había probado lo de la inteligencia artificial encargándole un microcuento y que estaba admirado porque el resultado era muy bueno. Leí el llamado microcuento y lo que a mí me admiró fue que alguien pudiera admirarse con semejante cagajón.

Necesitamos que el *chatGPT* haga cursos de escritura creativa, que lea más a Natalia Ginzburg y menos Javieres Castillos, Davises Ucleses y compañeros mártires... Que tome nota del *electrobardo*. Antes de que el Museo Nacional Reina Sofía fuera museo (o Centro de la Caridad y Cuidados Paliativos de los Colectivos Oprimidos por el Heteropatriarcado, el Colonialismo o lo que quiera que sea ahora) se abrió aquel caserón con una expo rara de inventos y movidas interactivas en la que había una máquina de hacer poesías. Si le dabas a aquella especie de cajero automático unas cuantas palabras, a partir de ellas, te componía e imprimía un poema más malo que las tertulias de *La Cuatro*.

Ojalá el *ChatGPT* lea a Lem, coja envidia de su colega *el electrobardo* y se ponga las pilas o baterías. De momento estamos todavía en la fase irrisión.

■

Fotografía y ceguera

He disfrutado mucho el capítulo *"El ciego perfecto"* de *La cámara de Pandora* de Joan Fontcuberta. No sabía que en Nueva York existiera una asociación de fotógrafos ciegos, ni que en Oaxaca el mismo edificio albergara el Centro fotográfico Álvarez Bravo y las dependencias de la biblioteca en braille Jorge Luis Borges haciendo que gentes con cámara y otros con bastón y gafas oscuras compartan cafetería y pasillos. Desconocía también que Borges –un ciego– fue quien otorgó el premio Novecento a Cartier-Bresson. Según recuerda Fontcuberta la hipervisibilidad del mundo nos ha vuelto ciegos. Hace como diez años leí en *El País Semanal* un reportaje sobre un fotógrafo húngaro que se quedó tuerto de niño y, a los cuarenta años, perdió el ojo bueno con un espino: sus temas preferidos eran retratos femeninos y paisajes. Para las fotos de mujeres decía que se guiaba por el tacto y para los paisajes por los olores que le traía el viento...

■

Día del Libro

Esta mañana no trabajaba, pero he bajado a Murcia para hacer unos recados y, de paso, a pulsar el ambiente del Día del Libro en la ciudad. Esto no es como el Sant Jordi en Barcelona: me imaginé que las señales de que es el Día del Libro habría que buscarlas con atención, como el telescopio James Web hace con las galaxias perdidas en los confines del universo. Así que decidí ponerme en modo observación de ojo de águila intentando captar si había por ahí algún paseante portando libros. Para aparcar di mil vueltas y al final encontré plaza en el quinto coño, al lado de un colegio. El griterío de la chiquillería era ensordecedor porque estaban en el recreo y crucé a la otra acera para echar un vistazo al patio y ver si esos gritos eran porque estuvieran en una fiesta del libro o algo así. Pero no: eran gritos normales –no librescos– de perseguirse y hostiarse sin más. Pero de esa decepción me recuperé porque vi que, sin darme cuenta, había aparcado en la calle Vicente Aleixandre. Hace unos años Jesús Marchamalo tuvo la amabilidad de enviarme una pieza del parquet de la biblioteca de Vicente Aleixandre en su famoso chalet Velintonia, que ahora por cierto es el número 3 de la calle Vicente Aleixandre en Madrid. En una visita Jesús cogió algunas piezas de parquet de aquella casona medio abandonada, una de los cuales acabó ejerciendo casi de tótem como el de *Odisea del espacio* de Kubrick en una balda de mi propia biblioteca. En la mudanza, cuando me fui a vivir a Corvera, la guardé con otras cosas queridas en una bolsa de basura que –como no podía ser de otra manera– confundí con basura y acabó en el contenedor.

Avancé luego hacia el centro de la ciudad y, al pasar por la puerta de una pequeña imprenta cerca del Puente de los Peligros, en vez del habitual ruido de las máquinas me sorprendió el silencio y un olor extraordinario a cruasanes. Entonces miré y vi que las Minervas o lo que allí tuvieran para hacer folletos y libros habían sido sustituidas por hornos y mesas de metal. Que una imprenta haya quebrado y dé paso a un obrador es algo muy murciano porque aquí leer se lleva poco, pero el comer es una pasión. De hecho hoy mismo la Biblioteca Regional ha organizado para celebrar el Día del Libro lo que han llamado una *Gastroquedada literaria*. Por veinte euros podías comer en la cantina del archivo regional con algunos escritores de la región. A los postres, el presidente de la Sociedad de Gastronomía disertaría explicando los platos que se habían servido. Yo no he podido ir a este acto culinario-literario pero sí tenía curiosidad por acercarme a lo que había montado el Ayuntamiento en la plaza de Romea. Era algo innovador –había leído–: un *oasis literario* donde leer, intercambiar libros etc. Allá que fui y llegué justo cuando un reportero de la TV7 estaba en directo transmitiendo la movida para algún magazine mañanero. El entusiasmo de aquel hombre no era normal, sobre todo porque la cosa era de una modestia asombrosa ya que se limitaba a seis o siete pufs con alguna mesa auxiliar donde había algunos libros. En total no debía haber más allá de docena y media de libros expurgados de alguna biblioteca, pero lo extraordinario es que casi todos estaban en manos de lectores que los hojeaban. Soy del Cámbrico Superior cuando se usaban palabras terribles como *subnormales*, *deficientes* o *anormales*... Pero afortunadamente ahora somos más humanos y se usa lo de personas con discapacidad o. aún mejor, persona con capacidades diferenciadas. Pues lo llamativo es que todos los lectores y lectoras eran personas con distintos grados de discapacidad cognitiva por lo que imaginé que sería una excursión de algún centro asistencial y el de la tele a lo mejor les había pedido que hicieran de figurantes para que aquel oasis literario no luciera desértico. O tal vez estaban allí motu proprio embelesados con los libros, quién sabe... Lo cierto es que sentí el deseo de unirme a ellos porque posiblemente yo también sea un discapacitado ya que mi timidez me ha hecho un raruno. Así que me sumé a aquel grupo sin importarme salir en directo en una televisión tan insecticida como la murciana. Abandoné el llamado *oasis literario* con ganas de acercarme a la librería Diego Marín a ver cómo estaba el ambientillo pero ya casi en la puerta hice un renuncio porque a estas alturas de mes no están las finanzas para comprar muchos libros y quien evita la tentación evita el pecado. (De hecho propongo cambiar del Día del Libro del 23 al 3 de abril, cuando la nómina aún está más o menos fresca). Así que enfilé la calle Correos para comprar los sobres de *Whiskas* para la michi en el *DIA*, cuando el mendigo de guardia de la puerta, al verme llegar libro en mano, me dijo con entusiasmo ¡Feliz Día del Libro!. De todo el Día del Libro aquel menesteroso fue el más entusiasta con lo de los libros. Debió pensar al verme con uno en la mano que yo también celebraba este día y por eso lo llevaba. No sabía que antes salgo de casa desnudo enseñando el majé que sin un libro que me arrope.

■

Llueve en Sao Paulo

Desde hace mucho siempre hay algún libro viniendo hacia mí. Cuando me llega uno pido otro. Nunca los encargo con la opción rápida –y más cara– de entrega en 24/48 horas: vienen tranquilos por el correo de toda la vida, pero yo sé que vienen, como los Reyes Magos y sus camellos en los nacimientos, avanzando poco a poco ha-

cia el portal no de Belén sino de mi casa. Es muy bonito saber que están en camino sigilosamente. Misha a veces por las noches, a las mil, abandona el sofá del comedor para venir a mi cama. Con ese mismo paso silencioso –que ni un radar de la NASA podría detectar– vienen a mí estos libros desde las galaxias gigantescas del Iberlibro y las librerías de segunda mano. Hoy ha llegado *Visado para el Brasil* de Nicole Dutreil publicado por editorial Cid en 1964. Yo no había nacido y ya estaba este libro caminando sin ninguna prisa hacia mis manos. El precio: 0,99€ más 1€ del envío. Como se suele decir, ha costado más el marco que el cuadro. Tengo una importante sección sobre Brasil en mi biblioteca pero en realidad debería ir a una sección nueva que fuera la de viajes a sitios que desaparecieron, porque ese país melancólico de lluvia y paraguas no es al que ahora uno puede ir cogiendo un avión. Para volar a ese Sao Paulo, a ese lugar que ya no existe, la única tarjeta de embarque posible es un libro. Tengo la sección de viajes muy ordenada: los libros más cercanos a la puerta son los dedicados a rutas por España, tras ellos los de Portugal, Francia, etc y así hasta el final donde tengo bastantes sobre viajes a la Luna. Cuando pienso en los libros que están viniendo hacia mí no los imagino solo en un desplazamiento espacial, atravesando en furgonetas las llanuras de Albacete, los veo también viajando desde el tiempo, desde ese 1964 en el que mis padres tras el segundo niño se plantearon fabricar uno más porque querían la niña. Si mi hermana se hubiera animado a nacer, en vez de esperar a hacerlo después de mí, me habría dejado en el banquillo sin salir al campo y sin libros ni ojos para leerlos por los siglos de los siglos amén.

Lo que quiero decir es que estos libros que me llegan no solo hacen el mundo más grande sino también más hondo.

■

Víctor Colden

Si tuviera que secuestrar a un escritor para obligarle a seguir dándole a la tecla –como hizo la fan loca de *Misery* de Stephen King–, ese escritor sería Víctor Colden. La admiración que siento por él es enorme, en parte porque escribe los libros que en mis sueños yo imagino escribir (y que sé que, aunque viviera mil años, no sería capaz de hacerlo). Acaba de publicar este *Mañana me voy* que en su levedad y profundidad es un verdadero milagro. Durante una semana Víctor recorre caminos perdidos de Soria y va mirando, silbando, recordando, escribiendo... En uno de los fragmentos recoge algo que dijo Faulkner y que solía citar Javier Marías: "La literatura produce el mismo efecto que una cerilla que se enciende en el campo en mitad de la noche: apenas ilumina pero permite ver cuánta oscuridad nos rodea", y cuenta que hace años le regalaron un bolígrafo con una diminuta bombilla en la punta para escribir en la oscuridad. Lo que escribía con él en la cama le sabía a poco –confiesa–... Porque querría escribir un misterio...

Para mí el misterio es la luz de atardecer que rodea las palabras de este escritor extraordinario del que tuve la inmensa suerte de publicar un librito. Como si las cerillas que enciende, ese bolígrafo nocturno o la vieja linterna que guarda en su mochila mientras camina por sendas olvidadas dieran una luz distinta, sombría pero acariciadora. Una luz como de luciérnaga...

■

Premio Planeta

He leído bastantes opiniones sobre el premio Planeta y por eso me animo a añadir la mía. Yo soy un entusiasta del Planeta –aunque nunca he comprado ni leído ninguno de los libros ganadores de este maravilloso certamen– porque con el dinero que la editorial gana con ese tinglado ha podido editar otros libros con los que he sido muy feliz y que posiblemente solo pudieron publicarse gracias a los que compran el Planeta para regalárselo a su suegro. He mirado por las estanterías y veo que –por poner un ejemplo–compré hace cuarenta años todo Voltaire en traducción de Carlos Pujol por quinientas pesetas editado por Planeta. Y de esa misma colección compré y leí *Las flores del mal* de Baudelaire, el *Fausto* de Goethe y tantos libros que me han hecho ser el lector que soy –mejor dicho, la persona que soy–. Libros de Eça de Queirós, de Horacio o Virgilio, los diálogos de Luciano de Samóstata o uno tan raro y extraordinario como *El sueño* de Bernat Metge... Pero, por poner un ejemplo extremo, voy a confesar que soy uno de los nueve o diez españoles que se debió de comprar y leer la edición de 1185 páginas que publicó Planeta del *Amadís de Gaula* de Garci Rodríguez de Montalvo. Nuestro frikismo nos lo subvencionaron los lectores de Sonsoles Ónega. Los que dicen que el Premio Planeta es una mierda tienen razón pero no en el sentido de que sea malo sino que es el estiércol que abona y permite crecer la cosecha. Ahora mismo editoriales que me encantan como Crítica son parte del grupo Planeta y se benefician de los pardelas que compran el premio.

Pero además hay otra cosa: el Planeta no solo hace posibles buenos libros sino que además no me cuesta dinero. Los premios que me parecen indignantes de verdad son los cientos que convocan Ayuntamientos, Diputaciones y Consejerías de Cultura con el presupuesto público. En vez de tener bibliotecas con buenos fondos, de tener una programación de aulas literarias, de clubs de lectura, de visitas de escritores a institutos, de ayudas a editoriales (aquí barro para casa) o de becas a jóvenes autores, se convoca un premio de poesía que no vale para nada. ¿En qué beneficia a los molinenses –por hablar de mi región– que el Ayuntamiento de Molina de Segura gaste 10 000 euros en decir cuál creen que es el mejor libro de cuentos? En vez de este premio Setenil ¿No sería mejor gastar esos 10 000 euros en libros o en promocionar la lectura y hacer algo para que en una ciudad de 74 762 habitantes, en la que ahora mismo no hay ninguna librería, haya alguna en el futuro? En la propia Murcia van a entregarse 30 000 euros a la mejor novela breve, a la que decida el jurado de un bodrio llamado Premio de novela breve Ramón Gaya. 30 000 euros en un ayuntamiento cuyo apoyo a la literatura es cero. Estos premios son los que me indignan, y no el Planeta.

■

El sueño de los hipenópteros

Estoy leyendo *Maravillas del instinto en los insectos. Historias inéditas del gusano de la luz y de la oruga de la col* de J.H. Fabre en la edición de Espasa Calpe de 1944 y he llegado a las páginas en las que el autor se pregunta el porqué de la extraña forma en la que duermen los himenópteros (rígidos, sujetándose firmemente con sus mandíbulas a los tallos de espliego) y reflexiona sobre qué es verdaderamente el descanso. "En realidad –escribe Fabre– no hay descanso, fuera del que pone fin a la vida, puesto que la lucha no cesa; siempre hay algún músculo que padece, algún tendón que da tirones. El sueño que parece un regreso a la quietud de la nada, es, como la vigilia, un esfuerzo: en unos esfuerzo de la pata; en otros

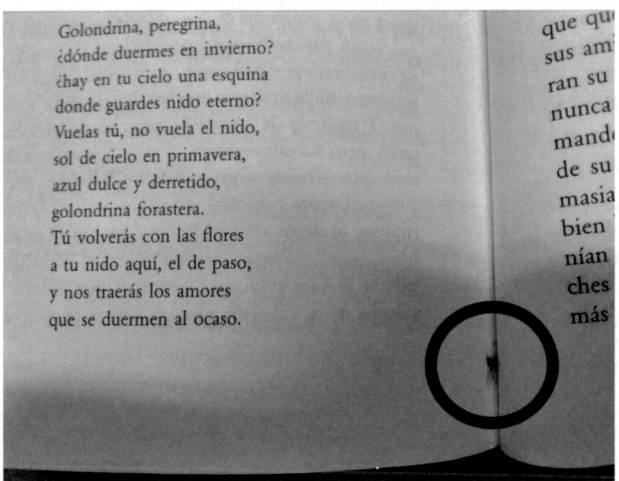

Golondrina, peregrina,
¿dónde duermes en invierno?
¿hay en tu cielo una esquina
donde guardes nido eterno?
Vuelas tú, no vuela el nido,
sol de cielo en primavera,
azul dulce y derretido,
golondrina forastera.
Tú volverás con las flores
a tu nido aquí, el de paso,
y nos traerás los amores
que se duermen al ocaso.

de la cola enrollada; en éstos de la garra; en aquéllos de la mandíbula".

Yo a veces, cuando duermo, sueño –máximo esfuerzo–, que hago libros bonitos y sin erratas.

■

Mosquito muerto

Estoy con *Agonizar en Salamanca: Unamuno, Julio-diciembre 1936* de Luciano G. Egido en un ejemplar de préstamo de la biblioteca Río Segura. El autor cuenta que el 18 de diciembre del 36 Unamuno –encerrado en su casa por el creciente ambiente de acoso y vigilancia al que era sometido– se asomó al balcón y reparó en un nido de golondrinas vacío en el edificio de enfrente. Ese mismo día escribió un poema lleno de melancolía preguntándose dónde estaría aquella golondrina, dónde pasaría el invierno. Que volvería con las flores –dice–. Son unos versos tristes, sobre todo por el mosquito muerto en el centro del libro que un anónimo lector –que también lo leyó– emparedó al pasar la página. Me imagino que en el calor de alguna primavera o verano el insecto entró por una ventana atraído por la tranquilidad de la habitación en la que alguien hojeaba un libro pensando hacer merienda en el cuello de aquel lector o lectora, sin saber que allí se quedaría para siempre, pegado a unos versos que hablan del frío y la muerte, pero también de la esperanza. Este es el tema famoso de Bécquer: el de que algunas golondrinas volverán pero otras no. El de que unos mosquitos alegremente zumbarán en nuestros oídos y nos picarán con entusiasmo, mientras otros se quedarán atrapados entre palabras, como momias en sus sarcófagos.

■

Lista de la compra II

Bastantes domingos bajo al rastrillo de la pasarela Manterola a visitar el puesto de Tony a por libros y, como son a dos euros, suelo intentar cuadrar cinco para pagar con un billete y no andarme con cambios ni peseteos. Tener una biblioteca es aún uno de los pocos lujos al alcance de los pobres. O más exactamente es un lujo de pobres porque es raro encontrar una biblioteca en casa de un rico. Hoy Pérez Reverte escribe un artículo titulado *"El extraño caso de la biblioteca inexistente"* en el que confiesa que es un asiduo lector del *Hola* y que en los reportajes de las casas de los famosos nunca ve fotos de bibliotecas. Si nos echaran una foto a los asiduos del Tony no valdrían para el *Hola*, sino para el *Adiós*, para ilustrar un artículo derrotista sobre el empobrecimiento de la clase media argentina o algo así. A mí me fascina una mujer –más cerca de los ochenta que de los setenta años– que carga el doble que yo. Raro es el domingo que no sale del tenderete con dos bolsas bien repletas, pero entre nosotros hay concordia y buenas vibras porque los libros que ella compra no los cogería yo ni aunque me pagaran por llevármelos. Observo estupefacto lo que va escogiendo... Estupefacto y contento porque no querría que otros lectores de mi cuerda cazaran en esas cajas de fruta en la que se apilan los libros. Ella y yo somos como un rinoceronte y un hipopótamo en la misma charca... cada uno en lo suyo mirándonos de reojo pacíficamente.

Mi caza de este domingo ha sido un volumen con las recomendaciones sobre libros que E.M. Foster hacía en la

BBC, la historia sobre el Tercer Reich de Hegner, una recopilación de reportajes inéditos de Hemingway, la novela que Néstor Luján dedicó a Las Meninas y *La Muerte* de Juan Ramón Jiménez.

Este libro de la muerte me ha dado la vida.

∎

Petricor

Edmun de Waal comienza su precioso libro sobre el coleccionista Moïse de Camondo diciendo que hay una palabra –*petricor*– para el olor del mundo después de la lluvia. Me imagino a la traductora, la pobre Marta Marfany, arqueando las cejas y pensando que ya en la primera página vienen curvas, porque en español no existe esa palabra –en inglés *petrichor*–. No está en el diccionario de la RAE aunque –eso ha salvado a Marta– está en estudio su posible incorporación. Al igual que los esquimales tienen decenas de términos para definir los distintos tipos de blancos de su mundo de nieves y osos blancos, es normal que en Inglaterra exista una para después de la lluvia. En nuestro país no es tan necesaria y en Murcia se usaría menos que ornitorrinco –que aquí hay gente que ha nacido y muerto sin necesidad de nombrar a este mamífero semiacuàtico y ponedor de huevos que vive en la isla de Tasmania–. Es bonito esto de que no existan palabras. No que uno se haya quedado sin palabras, sino que no haya. Me imagino a un homínido y una homínida en el Pleistoceno charlando un poco nerviosos porque se gustaban, comentando el tiempo que hacía, que venía la época de tormentas o qué sé yo de qué coño hablaría aquel personal... Entre la timidez y que entonces no se habían inventado demasiadas palabras la conversación estaría llena de silencios y miraditas. Pero si no había cómo tertuliar quedaba el milagro de los besos que nos salvan cuando las palabras para contar lo que sentimos o pensamos quedan pobres o desaparecen. Vamos, que aquellos dos tatarabuelos nuestros –peludos y más bien bajitos– se comieron la boca bien comida sin saber que aquella cosa tan rara se llamaría besarse. Sin imaginar que aquella humedad, aquel silencio y felicidad era como el olor a lluvia sobre el mundo, cuando las calles, la luz y las montañas parecen nuevas.

Como si besarse fuera una lluvia que lava el mundo.

V. EN LA FERIA DEL LIBRO

Primer día de la Feria del libro de Murcia 2022

Balance del primer día de feria:

Libros vendidos 11

Libros comprados 2

Libros que me han mangado 1

Cafeses tomados 4

Veces que he contestado que yo no soy el que ha escrito todos los libros de la editorial 3

∎

Tercer día de la Feria del libro de Murcia 2022

Si estoy escribiendo estos días lo que llevo vendido en la Feria del libro de Murcia, lo que me costó el expositor que fabriqué a toda prisa la misma tarde del montaje, o el precio de la caseta, es porque me parece importante mostrar que es posible sacar adelante un proyecto cultural como una editorial modesta, si se encuentra gente que se ilusione y disfrute comprando los libritos que uno vaya publicando. Pero además he tenido la sensación de que en estos tres días no solo he recibido de ese pequeño grupo de compradores los 511,70 € que llevo vendidos, sino algo inmaterial, precioso, difícil de definir... Tal vez pueda decirse que es cariño, toneladas de ánimo y buenos deseos, calor humano... Vibras de buenrollismo fluyendo como ríos camino del mar.

Me pongo dicharachero vendiendo los libritos por mi timidez porque, aunque parezca un vendehumos o uno de esos charlatanes que en el salvaje Oeste despachaban botellitas con un brebaje que lo mismo valía como crecepelo que como afrodisíaco, soy tímido, muy tímido. Y por eso me da por parluchear como una cotorra. Pero en realidad tengo a menudo el síndrome del pez en una pecera que da besos al cristal que le separa del mundo. Por eso mis subidas en solitario a las montañas, por eso el levantarme, cuando aún es de noche, para dar de comer a los gatos de mi calle... También por eso el amor y la profunda felicidad con la que me abrazo a los libros y los llevo siempre de paseo allá donde vaya. Y posiblemente, en el fondo, esa sea la causa por la que edito memorias y diarios: porque me parece que no me rodearan palabras sino vidas, que no hubiera objetos mudos en mi biblioteca sino voces y amigos. Me estoy armando un piruloncio para tratar de explicar algo que en realidad es sencillo: que, de alguna manera, en mi vida los libros me han permitido ingresar –usando el título de un ensayo muy hermoso de Pascal Quignard– en una *comunidad de solitarios*. Parece una paradoja, pero leer es una forma de soledad y, a la vez, un encuentro, una pertenencia, un abrazar... Por eso, si alguien se descojonase de mí pensando que qué miseria de negocio es este de los libros, le respondería que soy rico porque he tendido hilos de oro. Que estos libros que hago y han salido volando por ahí por el mundo son como las nubes algodonosas, que van risueñas a su aire camino de quién sabe dónde. Y recuerdo no solo a los que han pasado por la caseta a darme ánimos y unos euros, sino a toda esta red invisible de amigos de Facebook o X. Sé que algunos estáis de pasta peor que yo –que ya es difícil– y sin embargo compráis algún libro de los míos y, al ver que subís una foto con él, se me encoge el corazón porque sé que estáis a la cuarta pregunta y, si pudiera, os devolvería en un Bizum el dinero... No sé, tanta gente cuya voz nunca he escuchado pero a la que siento que los libros me han ido acercando, trenzando entre nosotros una especie de cuerda que nos une: la chica de Galicia que está ahora cuidando a su madre, los amigos de Zaragoza que me trataron como a un marqués cuando estuve por allí, alguien en Granada que tiene todos los libritos que he editado, que –como son pequeños– dejan un hueco encima de ellos en la estantería donde puede dormir su gata... Por esto –y no por los 511,70 euros de mierda– anoche, cuando apoyé la cabeza en la almohada, me rodaron por la cara unos lagrimones lentos de pura y dura felicidad. Porque pensaba en cómo –gracias a qué azares– he podido acabar haciendo libros... Qué flor en el culo he tenido, qué suerte o ángel de la guardia han permitido que llore y el corazón me lata con fuerza al pensar que he editado unos libros tan bonitos y de una gente tan buena que no los merezco. Podría haber sido tantas cosas en la vida, haber tomado tantos caminos diferentes... Si hubiera aprobado aquella oposición a agente tributario hace mil años (yo, que tengo alergia al papeleo oficial), si me hubiera contratado –como estuvo a punto de hacer– aquel empresario para dirigir una red de supermercados en Yugoslavia un mes antes de que se desatase allí el infierno o, si mi madre hubiera triunfado en su plan maquiavélico de ennoviarme con la hija de un multimillonario mexicano cliente suyo, yo sería otro... Pero afortunadamente no fue así, y soy el de la foto. El que edita unos pequeños libros y está ahí sentado, dedicando uno con un gesto de concentración que me recuerda la infancia, cuando al ir trazando con dificultad las letras sacaba la punta de la lengua. Como si ya supiera lo cerca que la escritura y los libros están de los besos.

Resumiendo: el día fue muy bien y acabó con lágrimas. Falta saber cómo explicar a la de la gestoría que me arregla lo de la contabilidad y las declaraciones trimestrales que hay lágrimas valiosas como el oro y ver en qué epígrafe se puede meter esa ganancia.

■

Cuarto día de la Feria del libro de Murcia 2022

Compruebo que me he hecho mayor porque algunos de los pelos de mi coronilla se han aficionado a la espeleología y han decidido atravesar la cabeza para salir por la nariz o las orejas, porque me gusta limpiar la cocina, hablar con mi gata y porque sé que no siempre tengo razón. Hasta los cincuenta años pensaba que sí la tenía. Ahora me doy cuenta de que no, y descubro entonces el placer raro y extraordinario de pedir perdón. Ayer domingo, pasado justo el ecuador de la feria, pensé que debía hacerlo, porque –como es público y notorio– yo he sido la persona que más ha criticado la Feria del Libro de Murcia en la que hasta esta edición no había querido participar. Que era una feria cateta –decía–, impropia de una gran ciudad, más para Pepino –un pueblo de Toledo– o Pozal de las Gallinas –otro de Valladolid– dicho esto con todo el respeto a pepineros y gallinatos (he tenido que buscar los gentilicios en google). Yo soñaba una feria perfecta, a la que vinieran las editoriales más exquisitas y los escritores secretos que tanto me gustan... Como si la vida estuviera hecha de cosas perfectas... Perfectas solo son las pinturas de mi chica Concha y la carusa de arrepentimiento que ponen los perros cuando han hecho alguna trastada y quieren que los perdones. La vida está hecha de cosas vivas, imperfectas, cambiantes... Pero ahí estaba yo en plan clérigo iraní... Ahora veo pasar frente a mi caseta a los tres de Carmen Mola y no me parece mal. (Aunque es verdad que me recochineo un poco porque me parecen clavados a los de *Café Quijano*). Pero ya digo, una feria viva pero un poco feílla puede cambiar, ir al gimnasio, ponerse hecha un pibón... Una feria inexistente o ideal como los amores imposibles de la adolescencia sería una idea preciosa pero fría y congelada como Groenlandia. Por eso creo que me equivoqué con mis críticas a la totalidad, y pensé ayer que debía pedir perdón. Pero no en el plan acartonado de cuando el emérito se fue a Botsuana a follar y matar elefantes y le pillaron. No... Quiero pedir perdón con sinceridad y alegría. Pero no solo a los vivos como Raúl Gómez, quien tanto ha trabajado por la feria y a quien tanto critiqué, sino sobre todo a los muertos porque, como soy de la cuerda benjaminiana, pienso que, de alguna manera, siguen vivos; por eso quiero pedírselo a Asensio Piqueras que dirigía la feria. Pienso que me habrá perdonado porque los difuntos saben hacerlo e imagino cuánto habría disfrutado viéndome en mi caseta como en aquella parábola del hijo pródigo en la que el chaval después de liarda parda por ahí, volvía a casa y abrazaba al padre.

Por seguir con mi política de transparencia ayer vendí 369,20 € y recibí tanto cariño que aún estoy contabilizándolo y no he podido hacer la suma total.

■

Quinto día de la Feria del libro de Murcia 2022

Ayer lunes por la tarde volvió a llover con fuerza y la feria tuvo que cerrar. Pedro de Chamán Ediciones y yo –que compartimos caseta– fuimos los últimos numantinos que resistimos, pero la lluvia parecía monzónica y hubo que claudicar. Ya en casa, pensé en los bosques y montañas de esta tierra sedienta y me alegré de que hubiera caído tanta agua, consolándome de lo del chapado de la feria. Porque imaginad cómo está la cosa que, en mis caminatas a las cumbres, me suelo llevar una botella de litro y medio de agua en vez de la cantimplora de medio que me bastaría... Y es porque voy regando aquí y allá algunos matujos o arbolillos que veo languideciendo.

Pero es que además (esto ya lo pensé mientras ya en casa cenaba de bandejita viendo *First Dates*), el aguacero era una maravilla porque imaginé –con el optimismo que llevo de serie– que los que me habían comprado algo los días antes, aprovecharían el repiqueteo de fondo de la lluvia para ponerse a leer el librito que se habían mercado. Y mientras escuchaba que entre las parejas de lo del Sobera no había saltado la chispa ni habían sentido mariposas en el estómago, imaginaba en las casas de los lectores de mis libros no chispas, sino rayos y centellas, y ya los veía yendo al día siguiente a comprar más libros, apelotonándose en mi caseta, como los champiñones que creo que también es regarlos un poco y salen de la tierra de golpe. A mí me emocionan tanto los libros que he publicado que pienso que a todo el mundo le va a pasar igual.

Ya acostado y con mi gata al lado ronroneando a tal volumen que me parecía estar en la carrera de motos de Jerez, me vino una última imagen sobre los beneficios de la lluvia para la lectura. Y es que yo soy lector gracias a la lluvia. En mi infancia era inconcebible la idea de que un niño estuviera en su casa tras el colegio. Éramos como bandadas de vencejos, de acá para allá. Pero aquellos días de invierno en que los aguaceros nos encerraban en casa y no podíamos jugar a guardias y ladrones o a descalabrarnos a pedradas, nos agarrábamos a los libros y comics como los náufragos a una tabla. Y qué maravilla cuando me ponía enfermo, no iba al colegio y pasaba la mañana en la cama escuchando la lluvia y leyendo un tebeo, mientras mi madre me ponía la mano en la frente para ver si tenía fiebre y con un poco de suerte me embadurnaba el pecho de Vicks Vaporub. Como el recuerdo de la primera vez que uno besó una teta, este de leer mientras llovía y mi madre estiraba las sábanas frescas de mi cama de enfermo, solo los borrará la parca o que me dé un telele y me quede gagá.

Por eso anoche dormí como un bendito arropado por la lluvia. Porque los libros son como semillas enterradas en algún lugar dentro de nosotros, que fueran echando raíces y creciendo para buscar la luz.

Dicho esto, hoy hace una mañana preciosa y me alegro al pensar que por eso irá más gente a la feria. Porque ayer con el chubasco se vendieron nada más 67 eurillos.

■

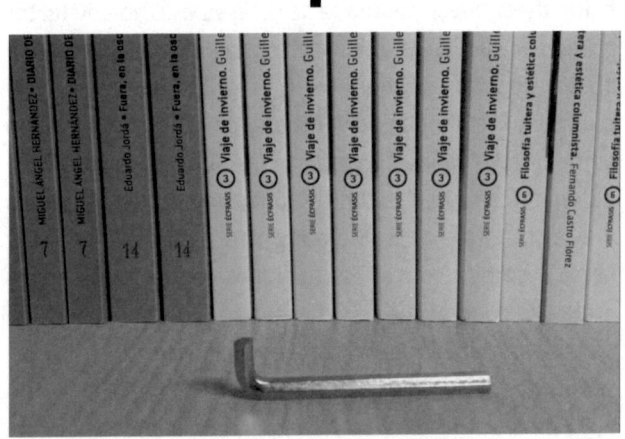

Primer día de la Feria del libro de Cartagena 2022

Me da hasta vergüenza confesarlo, pero pienso que mi actitud sincericida como editor me obliga a hacerlo: ayer hice noventa kilómetros y removí Roma con Santiago porque no me gustó cómo estaba instalada una balda de mi caseta. En realidad no debería decir *no me gustó* sino que se me quedó la misma cara que puse al ver en la tele a un Ortega Cano ya casi nonagenario decir que "su semen era todavía de fuerza", proponiéndole a su sufrida mujer que fueran a por la niña. Me horripiló, me dieron hasta vahídos al ver mi caseta... Había dado a los montadores unas instrucciones claras de que quería solo dos baldas largas justo tras el mostrador y me las encontré en lugares extrañísimos y un hueco –como el de un diente que se hubiera caído–, precisamente donde dije que las pusieran. Parecía que las hubiera instalado un amante de la música dodecafónica experimental. Como soy perro viejo, llevaba una llave *Alen* del 5 por si las moscas y me puse a quitar aquellas baldas –o lejas como se dice de un modo precioso aquí en Murcia– que en plan okupa se habían colado en la caseta. El drama llegó al intentar desmontar las que estaban en la esquina, porque para ponerlas debían haber utilizado una llave *Alen* especial ya que en el rincón no se podía manejar una estándar porque un lado era demasiado largo para hacer el giro. Los operarios de la empresa que montó las casetas ya no vendrían y en una hora y media se inauguraba la feria. Sudaba perlas de sangre como los Cristos semanasanteros y estaba baldándome con lo de la balda, cuando recordé que en mi pueblo hay un taller de hierro con unos chavales muy simpáticos. Así que cogí el coche, volví a toda leche a Corvera y me planté allí contando que estaba en una situación de vida o muerte (vida o muerte era que no me gustaba cómo estaba colocada una balda) y que necesitaba que me cortaran mi llave. Debieron pensar al ver mi agobio que era para abrir la llave de paso de la botella de oxígeno de un agonizante que estuviera asfixiándose y no me quisieron cobrar nada. Con la llave recortada en el regazo, como el que llevara el Santo Grial, me hice los 45 kilómetros de vuelta a Cartagena y pude organizar a mi gusto las baldas, colocar los libritos, y contemplarlos luego descansando en su sitio con ese placer que da por ejemplo mirar a un gato mientras duerme y, si hace frío, echarle una mantita por encima.

Es sabido que en las iglesias románicas a veces hay pequeñas figuras tallada en lo alto, en algún lugar raro y medio escondido donde nadie puede verlas. Pero aquellos canteros y arquitectos creían que Dios sí veía y apreciaba todo. Posiblemente ni uno de los despistados paseantes que ayer visitaron la feria se fijó en si detrás de mí las estanterías lucían con orden o eran un batiburrillo, pero yo notaba –llegándome desde atrás– la brisa de las cosas bonitas... Porque creo firmemente que hay un Dios de los libros que todo lo ve.

Como esas flores que, en mis caminatas, a veces me encuentro en lugares solitarios en lo alto de algún monte, y que florecen para nadie con una belleza extraordinaria... Sin preocuparse de si las miran o no las miran.

■

Segundo día de la Feria del libro de Cartagena 2022

Hay un cuento de Borges que leí hace mil años en el que se anuncia que vienen los dioses y, en plan manifestación o rave berlinesa, aparece una multitud de deidades montando un guirigay de cojones –o de ovarios– y levantando una polvareda tremenda. Porque están todos: Mahoma, Jesús, Thor, Kukulcán el dios serpiente, Shiva, Unelabuki, Anubis...

Ayer estábamos pasando la mañana cada uno en nuestra caseta, mano sobre mano, meditando como los monjes cartujos en sus oratorios, cuando –como en aquel cuento–, se escuchó un rumor desde la lejanía que creció cual tsunami: no eran los dioses sino algo mucho más poderoso y enigmático –LOS NIÑOS– que, al llegar, inundaron todo con su vocerío y sus risas. Les habían liberado de sus prisiones o aulas y les habían traído a ver la Feria del Libro. Venían entusiasmados, riéndose por cualquier cosa... Pero estaban felices –y esto es lo que me parece precioso– no por los libros, sino, como decían en Roma, por su manumisión, su repentina libertad. Por dejar de ver el mundo tras los cristales de sus clases y verse un viernes caminando por la ciudad lejos de la pizarra y de sus libros de texto. Como soy de los que leen por la calle, varias veces algún paisano me ha dicho que no hay que ser vago y estudiar el día del examen. Imaginan que voy apurado repasando temas, porque en nuestro país los libros son para estudiar y sacar una carrera con la que ganar un buen sueldo para comprar una casa sin libros, con una cocina enorme con isla y baño en suite en cada dormitorio. Por eso me encantó la pequeña turbamulta de niños que de repente vieron los libros en medio de un parque y no sobre un pupitre. Los libros no eran el estudio, sino la libertad y el jolgorio. Lo importante no me parece que fuera el que compraran o no libros, sino que salieran de clase y se rieran al ver los títulos de los que edito. *Memorias de un gato de buena familia* –leyó un chiquillo– y le hizo muchísima gracia y mientras se reía, su compañero le tiró una puya: "No como la tuya", y se descojonó con una risa maliciosa y borboteante. Cuando era adolescente, las noches de discotecas con mis amigos eran un poco así: un ir de un lado a otro como estos niños de una caseta a otra. Si estábamos en Carol y veíamos la cosa mustia imaginábamos que las tías buenas estaban todas en Bariloche y, al ver que allí tampoco había dónde lanzar el anzuelo migrábamos hacia Clicia y de ahí a La Caleta... Lo bonito era ir de expedición, salir afuera, el deseo, la esperanza de que en algún lugar nos aguardaran cinco chavalas –una para cada uno–. Esto de los libros y los niños me recuerda aquello. Y los veo ir y venir mientras pienso que tal vez solo por eso merece la pena, a su vez, que yo haya venido a Cartagena.

Tras cerrar la caseta con el mismo billete con el que un lector me había pagado dos libros de tema gatuno compré la comida para los gatos de mi calle y, por la mañana, mientras los michis desayunaban, pensé que había algo circular y precioso en el hecho de que aquellos gatos comieran, literalmente, de los libros de gatos. Luego me di cuenta de cuánto me parezco a ellos y a los niños de ayer, porque me alimento de los libros... De la libertad que me han dado los libros. Porque para mí leer es una forma de salir fuera, al sol y al viento.

■

Tercer día de la Feria del libro de Cartagena

Me contó Javier de la editorial Malbec, que un lector había ido a rebozarle por el morro que fue a la feria a comprarle algún libro, pero que no se llevaba ninguno porque prefería comprármelo a mí. ¿El motivo?: que me seguía –no recuerdo si por Facebook o X– y le parecía una persona singular o friki y que, a la gente como yo, había que apoyarla. Esto me ha pasado más veces: alguien se planta frente a la caseta y confiesa que me sigue. Cuando escucho esto no pienso en aquella escena gloriosa de *Forrest Gump* en la que atraviesa corriendo el país y se le van sumando seguidores, porque yo no voy a ningún lugar ni cruzo desiertos... Por eso siento ese *te sigo* no como un mirar atrás y ver que alguien viene, sino como un encuentro. Imaginad dos nadadores que se hubieran propuesto la gesta de cruzar el Atlántico –uno saliendo de Lisboa y otro de Nueva York– y, por una milagrosa geometría, se encontraran frente a frente en medio de la nada, cerca de la isla Salvaje Pequeña (hay una Salvaje Grande, pero me parece más bonito ese encuentro cerca de la Pequeña). Nosotros –el que dice que me sigue y yo– somos esos nadadores que aunque parezca una paradoja nos quedamos un poco sin saber qué decirnos simplemente moviendo las piernas y brazos bajo el agua, pese a que lo que ha hecho que nos encontremos son las palabras, el amor a las palabras y los libros. Me gusta mucho "*La noche de anoche*" de Rosalía y Bad Bunny, una canción en la que se ponen a lo suyo y ella canta que la jodienda es "Sin mucha labia, sin mucha cotorra. Cuando estoy contigo dejo que la vibra corra". Pues así, sin mucha cotorra, son estos encuentros o seguimientos con el mostrador de los libros de por medio: simplemente dejando que fluya la vibra. Hay quien cree que lectura y cariño fueran dos cosas que no casaran bien, que uno solo lee con criterio y profundidad si lo hace desde la asepsia, sin las vibras... Yo no soy de esa cuerda de la frialdad y me gusta leer a la gente que sigo y aprecio. Aprovechando que en la feria no se vende un pimiento, estoy con un libro extraordinario –*Un tal González*– de Sergio del Molino. A la felicidad de estar leyendo esta maravilla se une mi alegría por Sergio. Digamos que estoy disfrutando el doble. Porque me gusta que venda mucho y que pudiera comprarse su nueva casa –mis amigos de Zaragoza me dijeron dónde estaba y me gustó el barrio–, me gusta que le traduzcan, me gusta ver crecer a su hijo... Desde que leí *La hora violeta* me gusta ver cómo la vida le trata bien y el tiempo es como aquel Vicks Vaporub de la infancia que, no se sabe cómo, nos curaba de todo.

■

Cuarto día de la Feria del libro de Cartagena 2022

Recuerdo a mi padre siempre haciendo cuentas en papelitos. Intentaba cuadrar las cuentas. Sumaba y restaba lo que le debían y lo que debía mientras los números se multiplicaban y bullían como hormigueros revueltos.

Me ha hecho gracia ver que, después de tanto apuntar, anoche no hice la suma final de lo vendido en esta Feria. Tal vez porque inconscientemente sé que lo que he ganado no puede contabilizarse con números.

Solo con palabras.

■

Primer día de la Feria del libro de Murcia 2023

CONVERSACIONES

Primera:
–Hola ¿Cuánto cuesta este libro?
–Espera que lo busque, que no está marcado... Es que es de la editorial Chamán con la que compartimos caseta y el editor ha salido un momento a tomar café.
–Me ha gustado porque, como tiene los renglones cortos, se lee muy bien...
– Los renglones son cortos porque es poesía –aclaro al escuchar lo de que son cortos–.
–¿Poesía?
–Sí es un libro de poemas...
–Ah, poemas... ¿Y de qué tratan?

Segunda:

–Hola, voy a llevarme tu libro ¿Podrías dedicármelo?

–Claro que sí, muchísimas gracias. Aunque el título –*Lo que lee un editor*– parece serio, en realidad no es un ensayo académico ni nada sesudo –le comento mientras voy escribiendo la dedicatoria–.

–Sabes, te conozco de vista del mercadillo, de verte en el puesto de Tony. Pero cuando tú llegas yo ya me estoy yendo porque madrugo mucho.

–No fallo ningún domingo (contesto bien jodido porque pensaba que yo era el primero en espigar los libros y me acabo de enterar de que este lector, que parece de los buenos, se me adelanta y seguro que arrambla con el material de mejor calidad).

–Pero en realidad ya me había fijado en ti porque un día estaba en el *pipicán* muy temprano con el perro de mi hija, te vi venir por el parking y me llamó la atención que venías leyendo el último tomo de los diarios de Trapiello.

–Sí, es que trabajo allí muy cerquita...

–Escribí a Andrés y le conté que tenía un admirador en Murcia, que había visto a un tío leyendo lo suyo mientras caminaba casi a oscuras al amanecer. Me gustaría poder leer así, pero seguro que, si me pongo, me tropezaría y me rompería los dientes.

VENTAS 62,50 euros

∎

Segundo día de la Feria del libro de Murcia 2023

CONVERSACIONES:

Primera:

Unos veinteañeros –dos chicas y un chico– hojean detenidamente los libros y una de ellas lee en voz alta para sus amigos el texto de contraportada de *Otoñal y barojiana* de Miguel Sánchez-Ostiz, pero al llegar a la frase "una obra recopilatoria de ensayos y conferencias inéditas..." se queda un poco in albis y pregunta a sus compis que qué significa *ensayo*. Al escuchar esta interesante cuestión desplegué las antenas parabólicas porque soy un tarugo sin ningunas luces pero que da el pego de cultureta porque me dedico a escuchar como si fuera de la Stasi y lo que voy pillando de un lado lo suelto en otro... Así que atendí al chico que se arrancó a aclarar la cuestión.

–No sabría definir qué es un ensayo... (Buen comienzo, pensé). Un ensayo no es un libro y sí lo es (aquí ya me quedé más loco que Peseto Loco –aquel taxista kamikaze que montó la huelga contra los *Uber*–, porque la idea de algo que no es un libro y a la vez sí lo es, me pareció merecedora de que Iker Jiménez le dedique un especial de *La nave del misterio*). Un ensayo es algo como entre un libro y una obra de teatro –remató gloriosamente el chaval mientras me lanzaba a por un lápiz para anotar esas palabras extraordinarias–. Ojo al dato: algo entre un libro y una obra de teatro...

Durante un segundo pensé que el zagal se había hecho una pirula tremenda, que lo del ensayo le debió sonar a ensayar, que es lo que hacen los actores, y por eso se imaginó que un libro de ensayo sería una cosa medio teatrera... Pero mi estupor duró un instante, porque de repente me di cuenta de que en realidad había dado una definición de lo que es un ensayo de una precisión milimétrica. Porque mientras que en otros géneros el libro se hace juntando palabras, como un libro-libro, el ensayo es algo que convoca distintas voces que van desfilando por las páginas. Porque ¿qué son las citas sino eso: unos figurantes que suben al escenario a decir sus parrafadas, a contar lo que otros pensadores han dicho de tal o cual tema? Y así como actores en un drama romántico que van diciendo su papel, en un ensayo, lo que uno ha leído aquí y allá dibuja el pensamiento propio en una especie de comedia o tragedia donde los amores felices o los imposibles –y quien dice amores dice ideas– se van trenzando o destrenzando.

Editar ensayo no es por tanto solo hacer libros sino apagar las luces del patio de butacas para que brillen más sobre las tablas los gestos y voces –ora temblorosas ora resonantes– con las que intentamos explicar las cosas y quebrar el silencio del mundo. Como el pájaro que está cantando en el tejado frente a mi ventana, que hace un rato estaba solo con su pío pío como un poeta y ahora ya, en plan ensayista, le arropan otros compañeros de coro anunciando que va a salir el sol.

VENTAS 185,60 euros

■

Tercer día de la Feria del libro de Murcia 2023

CONVERSACIONES:

Primera:

Aprovechando que la cosa estaba tranquila me entretuve haciendo cuentas de lo vendido. El año pasado en los primeros tres días de feria se facturaron 511,70 euros pero este año no había llegado a los 300. ¿Fue mucho lo del año pasado y poco lo de este año? Como dijeron Jarabe de Palo y Einstein, *depende... todo depende*, todo es relativo. Para algunos, tanto lo del año pasado como por supuesto lo de éste, será una miseria mientras para otros (entre los que me cuento) lo de este año está bien, aunque no llegue al milagro del anterior. Y en estas cavilaciones estaba cuando se ha acercado al mostrador una pareja de unos cuarenta años y él ha cogido *Días en Nueva York y otras noches* de Fernando Sanmartín. He dicho que todo depende y es relativo, pero no es exacto: hay dos pilares absolutos, dos verdades de titanio cuya solidez está fuera de toda discusión: la primera, la que señaló Bruce Chatwin en *Los trazos de la canción* de que en todas las culturas del mundo para dormir a los bebés se los mece, porque en el hondón de nuestros genes están grabado aquellos miles y miles de años en los que aún no se había inventado la agricultura y la ganadería y el personal iba de acá para allá cazando y recolectando frutos silvestres con los niños sujetos a las espaldas de sus madres adormecidos con el vaivén. Vamos, que fuimos viajeros antes de ser sedentarios. La segunda verdad absoluta es que Fernando Sanmartín –y este libro sobre su viaje a Nueva York– son gloria bendita. Por eso cuando alguien ojea ese libro sé que puedo decir con total tranquilidad aquello de lléveselo y, si no le gusta, le devolvemos su dinero...

–¿Cuándo fuiste a Nueva York? –preguntó el chico a su compañera mientras hojeaba el libro–.

–En el 2015.... Tú fuiste el año pasado ¿No?

–Sí, tenía muchas ganas... Pero la verdad es que me decepcionó la Estatua de la Libertad... Me pareció muy pequeña, la imaginaba más impresionante...

–Pues a mí me pasó lo contrario, me sorprendió, pensaba que no era tan alta...

–A mí lo que me pareció enorme y me encantó fue el Empire State... Joder, vaya vistas desde arriba...

–A mí no me llamó la atención, estaba rodeado de redes, creo que para que la gente no se tire y no sé, como que tampoco me pareció tan alto...

Recapitulemos... El chico: Estatua de la Libertad baja, Empire alto y la chica Estatua de la Libertad alta y Empire bajo y yo orejeando y no entendiendo nada porque lo lógico hubiera sido que al que le pareció alta una cosa le pareciera alta la otra o al revés: todo bajo. Parecía que hubieran ido a dos Nuevayores distintas. Casi todo es relativo, el mundo no es así o asá, son nuestros ojos los que lo ven de una u otra manera. Trabajo al lado de *Crecer*, la asociación murciana de enfermedades del crecimiento, y hace un par de años al pasar por la puerta vi a las chicas que trabajan allí –y que padecen de enanismo– aterrorizadas porque, cuando fueron a abrir la sede, en el pasillo de entrada había una cucaracha... –Es enorme, gritaban–... Miré y es verdad que era un bicho hermoso aunque tampoco es que fuera el Arnold Schwarzenegger de las cucarachas, pero me metí en la piel de aquellas chavalas y me di cuenta de que, para ellas –comparativamente– aquello más que insecto era tamaño hámster.

Así que, mientras los dos paseantes de la feria se alejaban charlando sin haber comprado el libro, pensé que los libros de viaje no tratan de lugares ni aclaran si los edificios o monumentos son altos o bajos. El tema de estos libros es la singularidad, el misterio de la mirada humana. Leer el libro de Sanmartín no te acerca a Nueva York: te acerca a Sanmartín, a este escritor delicado y extraordinario... Cuando digo que edito memorias y libros de viajes en realidad estoy diciendo algo redundante. Como nunca he ido a Nueva York tengo en mis sueños todas las NY posibles, una alta en la que los rascacielos, como su nombre indica, rascan el cielo y otra pequeña y abrazable, como si fuera para niños al igual que aquellas tiendas de juguetes que tenían una puerta diminuta para los más pequeños. Una Nueva York melancólica y otoñal y otra más de primavera para los viajes de luna de miel de las parejas pastosas... Y la mejor: la Nueva York reflejada en los ojos de Fernando, de mi amigo que fue y, al regresar se trajo esta pequeña ciudad de palabras que yo tuve la suerte de publicar.

Mi padre fue viajante de ropa y en mi infancia siempre estaba lejos, por el Levante... Por eso a lo mejor ninguno de sus hijos hemos salido viajeros, porque recordamos sus pesadas maletas con el muestrario en el pasillo de aquella pequeña casa a la que volvía solo algunos días cada mes. Ahora que ha hecho el viaje definitivo o –como dice la gente cuando mueren sus gatos, ha cruzado el arco iris–, lo siento sin embargo muy cerca. Está lejos y, a la vez, aquí al lado. Todo, casi todo, es relativo...

Al leer algo o al escribirlo mis ojos siguen las letras como si caminaran en un viaje modesto pero a la vez inexplicable: porque a veces unas pocas palabras no te llevan a ningún sitio y otras te llevan lejísimos... Estaba haciendo cuentas y el escuchar aquella conversación sobre nueva York me ha llevado recordar que mi padre sí que era el rey de hacer cuentas. En la casa de Plasencia aún hay cuadernos enteros de pequeños números en hileras con lo que iba vendiendo en la tienda o lo que debía... Hileras modestas o altas como rascacielos....

Segunda:

Yo es que cago mucho –escucho confesar a un chaval que está con su novia y otros amigos charlando a unos metros–. Íbamos a venir antes, pero cuando estábamos cogiendo la puerta le he dicho que esperase, que iba a volver a cagar. Y luego desde el váter le grité que estaba cagando fuego.

VENTAS 91,50 euros

∎

Cuarto día de la Feria del libro de Murcia 2023

CONVERSACIONES:

Ayer no pude estar en la feria y fue mi compañero de caseta, Pedro, el que despachó el género. Sí pasé un momento y coincidí con alguien que me dijo que echaba mucho de menos a la *Fundación Newcastle*. Tal vez algunos no sepáis el origen de mi pequeña editorial... Hace ya nueve años, en un periodo en el que estaba tristón, pensé hacer algo para pasarlo bien y salir del hoyo y, como había sido galerista muchos años, se me ocurrió organizar algunas exposiciones. Como en Murcia era (y soy) un pringado al que nunca se le ha dado ninguna oportunidad de hacer nada en ningún sitio, decidí hacer algún proyecto en mi propia casa. El problema es que vivía en un apartamento pequeño en el que no había paredes porque todo era pura *Billy* petada de libros. Así que tuve claro que debía ser algo pequeño pero intenso y recordé los sagrarios de las iglesias y la solemnidad con la que los curas los abren para repartir las hostias. Tuve una revelación casi divina y, al entrar en una web de casas de muñecas, lo vi claro: compré el modelo Newcastle, pinté de blanco las diminutas salas, puse unas luces led preciosas y me lancé a la aventura de abrir un pequeño espacio de exposiciones en ella. También compré un mueble postalero e imprimí postales porque, si vamos a un museo y no hay tienda de recuerdos y cachivaches, como que se queda uno a medias. Incluso di unas becas de 50 euros... Todo era a la vez extraordinariamente serio y risible. Por la Fundación pasaron algunos artistas que hicieron proyectos preciosos: Francesc Torres, Cristina Garrido. Guillermo Martín Bermejo...

Era muy bonito ver cómo el público que acudía a las inauguraciones disfrutaba y tomaba vino...

Un día me entrevistó Angels Barceló por la radio con motivo del día internacional de los museos. Yo estaba en casa con el móvil esperando que me tocase y escuchaba el programa y cómo Ángels contaba que iba a entrevistar a Miguel Falomir, director del Prado, y a Javier Castro, director de la Fundación Newcastle.... Empezó Miguel y cuando le preguntaron qué estaba preparando, contestó que una gran retrospectiva de El Bosco. Cuando me tocó a mí y Angels abrió la entrevista con esa misma pregunta de qué estaba preparando, dije la verdad: unos macarrones –porque era tarde y estaba en plan cocinilla–. Ojalá hubiera podido decir que estaba con una exposición de Patinir o de Friedrich, pero andaba cociendo pasta y encima no fina, sino marca Hacendado de Mercadona. Esta es la pasta que siempre he manejado porque la dineraria nunca ha sido lo mío. Pero, sin embargo siempre he sabido soñar, aunque sean sueños pequeños... Angels se rio a muerte y luego me mandó un mensaje de que había estado a la altura de Falomir... Con aquella frase de que el del Prado y yo éramos poco menos que *panas*, me vine arriba y pensé que la Fundación debía de tener, aparte de las exposiciones una biblioteca y monté una en un pequeño hueco de un viejo edificio cercano a un parque. A la media hora alguien rompió todos los libros e hizo con las hojas aviones de papel. Pero aquel ser no me conocía si pensaba que eso me detendría. Aquel día, al ver los libros hechos papilla por el suelo, decidí que al igual que hay gente que rompe libros es necesario que haya otra que los haga y los cuide... Y por eso nació Newcastle Ediciones.

Siempre he tenido más sueños que dinero, siempre he sido alguien sin importancia, un administrativo laboral del grupo C, pero tal vez esa pequeñez me ha hecho resistente y pasa como cuando cayó el meteorito en la Tierra: que arrasó con los dinosaurios pero se salvaron una especie de roedores que vivían en madrigueras y de los cuales al pasar de los años –evolucionando y todo ese rollo– nacimos nosotros los humanos.

VENTAS 63,70 euros

∎

Sexto día de la Feria del libro de Murcia2023

CONVERSACIONES

Salí de la caseta al mismo tiempo que los niños de un colegio cercano y me llamó la atención un chiquillo de unos diez años que sacó un móvil de la mochila para llamar. En su pequeña mano el móvil parecía casi una tablet. Como caminaba delante de mí pude escuchar la conversación.

–Mamá ya he salido... ¿Sabes una cosa? –preguntó en un tono que denotaba que quería contarle algo super-importante–. Ha ocurrido la casualidad más grande del mundo.

Al escuchar esto de la casualidad levanté las orejas de golpe como hacen los perros cuando están dormitando tranquilamente y escuchan la palabra *veterinario*. Por eso no perdí ripio y me enteré de que lo que había pasado es que Carlos Vasco había comprado una funda para su Xiaomi exactamente igual que la que él tenía pero en azul (la suya –me fijé–era verde). Bendita infancia, en la que la casualidad más grande es coincidir en el modelo de una funda. Seguí andando y recordé de repente aquella otra casualidad, cuando a Julián Rodríguez y a mí nos dejaron el mismo día dos chavalas con las que estábamos saliendo y que eran a su vez amigas. Para quitarnos la murria decidimos irnos el fin de semana a Lisboa. No teníamos un duro pero a Julián le habían chivado una pensión modesta del Chiado cuyo dueño era bombero y que por eso no cobraba a los compañeros de profesión, porque en Portugal lo de apagar fuegos es una cosa de voluntariado. Así que, en plan pseudobomberos, nos plantamos allí dispuestos a olvidar nuestras penas. Nuestra pinta no podía ser menos de bomberos pero coló el ardid de un carnet falso que nos habíamos fabricado y pudimos hospedarnos gratis. Aquella noche salimos a olvidar nuestras saudades y cogimos un barquito para cruzar el Tajo y cenar en un pequeño lugar perdido al borde del agua que se llamaba *Tirate ao Río* –un nombre un poco suicida, arriesgado para dos almas en pena como nosotros–. La sorpresa fue que al llegar, en una de aquellas mesas en medio de la oscuridad, vimos dos cabezas, –qué digo dos cabezas, dos cuerpos– muy conocidas: las de nuestras dos exchicas que sin tener nosotros ni idea se habían plantado en Lisboa y habían decidido también atravesar el río hasta aquel remoto confín. Aquello sí que fue casualidad y no lo de la funda de Carlos Vasco. Al final de la noche echamos a suertes qué pareja iba al chiringuito del bombero y cuál al hotel de lujo en el que ellas estaban. Así que a Julián y su chica les tocó apagar su fuego donde el bombero y a Lara y a mí jacuzzi y aire acondicionado. El día que empecé con melancolías lo acabé durmiendo –es un decir– en un cinco estrellas en Marqués de Pombal. Pero le diría a este chiquillo de la funda verde, amigo del de la azul, que hay aún casualidades más grandes en el mundo que la de pasar de la tristeza a –perdón por lo explícito– comer coño como si no hubiera un mañana y es la de estar en casa, tranquilamente leyendo en la noche rodeado de tus miles de libros pensando en que si cayera sobre el planeta un asteroide o tropocientas bombas nucleares y solo sobreviviese tu biblioteca, se salvaría todo lo bueno que se ha escrito, cuando de repente entre los cientos de miles de emails que son enviados cada minuto –y esta sí que es la casualidad más grande del mundo– entra precisamente en tu buzón un Word con un manuscrito extraordinario. Y sientes al leerlo que no pueden caer todavía el pedrusco o las bombas, porque al mundo aún le falta algo: ese texto que acaba de llegarte, que vas a publicar y va a ser la última pieza de un puzzle que hace que al final todo encaje. Como encajan las fundas de los móviles en los móviles. Como encajan los cuerpos que de milagro se encuentran en la noche.

VENTAS 156,40 €

■

Primer día de la Feria del libro de Cartagena 2023

Al atardecer hice una foto de mi caseta porque, al verla brillar con un dorado viejo, me recordó a los farolillos que en las aldeas japonesas iluminan las puertas de las casas, o también a una hoguera que se encendiera en el bosque para mantener alejados al frío y a los lobos. Y recordé aquella película de Jean-Jaques Annaud –*En busca del fuego*– ambientada en la prehistoria, en la que una tribu perdía los rescoldos del fuego que mantenían siempre encendido porque aún no sabían hacerlo, así que mandaron a tres cazadores a robárselo algún grupo vecino. Al final del film hay una escena en la que el encargado de portar las brasas durante las marchas tropezaba y caía al pantano apagándolas, pero la tragedia acababa bien porque aparecía una gente más mañosa que había descubierto que, frotando dos palos, se puede hacer fuego y ya no dependían de que algún rayo incendiase un árbol. Y así me siento: no como estos neandertales más apañados, sino como los torpes que cuidaban las brasas que agonizaban. Al llegar a casa y ver mi biblioteca brillar en medio de la ceniza pensé que se extinguiría mi fuego. Que más pronto que tarde tendría que apagar la luz –no la de la caseta sino la de la editorial–. Que tendría que cerrar Newcastle Ediciones y dejar de publicar estos libritos que leen unas decenas de amigos con mucho cariño. Pero no lo digo con pesadumbre, porque los libros son algo que no se extingue. Al igual que los viciosos del tabaco que encienden un cigarro con la colilla del que acaban de fumarse, cuando yo deje de hacer libros, habrá alguien con más dinero (y posiblemente más inteligencia) que yo, que se lanzará, que encenderá una cerilla o frotará unos palos, que editará textos y se ilusionará pensando la portada, el tipo de letra...

Precisamente estoy releyendo en la caseta la primera edición de *La ruta de Don Quijote* de Azorín que editó Leonardo Williams en 1905, un inglés que fundó en

Madrid aquel año su editorial y lanzó una serie de libros extraordinarios, bellamente editados –de Azorín, de Santiago Rusiñol. De Rubén Darío...–. El proyecto duró solo un año y en 1906 don Leonardo entró en un agujero negro del que ni siquiera San Google puede sacarlo.

Mientras tengo en mis manos el precioso regalo que al publicarlo me hizo ese fantasma, sueño con que mi nombre, como el suyo, sea uno más de esos que con el tiempo nadie recuerda. Pero ojalá alguno de estos pequeños libros que he ido haciendo llegue a las manos de algún lector aún no nacido y así siga ardiendo el fuego en la noche.

VENTAS 45,20 euros

■

Segundo día de la Feria del libro de Cartagena 2023

Como se está vendiendo muy poquito estoy leyendo mucho, lo que demuestra que no hay mal que no traiga consigo algo bueno. El balance de la mañana fue extraordinario no en lo económico –cero euros– sino en lo lectural: terminé el maravilloso ensayo *Cuerpos. Las otras vidas del cadáver* de Erica Couto Ferreira, y ataqué la relectura de *La ruta de Don Quijote* de Azo-

rín, que terminé justo a la hora de comer. De hecho tuve que comprar *Emperador romano* de Mary Beard porque quedarme sin lectura es como quedarse sin coca para los fiesteros. Por delante de la caseta pasaban de vez en cuando niños pequeños con sus maestras y sus voces me relajaban como si fueran canto de pájaros. Una de esas clases desfiló muy marcialmente –como en el día de las fuerzas armadas lo hacen los tanques en la Plaza Roja de Moscú– gritando ¡Queremos leer!, ¡Queremos leer!... Maravillosa manifestación a la que me dieron tentaciones de sumarme...

Estos días estamos comiendo juntos varios colegas que de broma decimos que, como la cosa siga así, vamos a pasar del menú de 12,95 euros a pedir una de patatas bravas al centro para compartir... Estos compañeros son –como yo– unos lectores apasionados y muchos de ellos además escritores con ocho o nueve libros publicados. Está Mimy de *La librería de Mimy,* Alba de *La estantería de Alba* o Úrsula de *Knowmadas books*... Gente bonitísima que lee autores y autoras cuyos nombres –muchos en realidad pseudónimos en inglés– no había escuchado nunca. Según parece muchos de estos escritores de trilogías, cuatrilogías y pentalogías son unos bestsellers de cojones en sus géneros –novela romántica, negra o fantástica–. Me imagino que al igual que yo no conozco ese mundo de libros de portadas multicolores, a ellas no les suena el que yo suelo frecuentar. No son peores lectoras que yo, simplemente leemos en galaxias diferentes, como si yo lo hiciera en la de Andrómeda y ellas en la Láctea...

El mundo de los libros es profundo, oscuro y lleno de misterios como el espacio exterior...

Han puesto en la feria unos tresillos para leer y por amortizarlos estos días me siento un rato tras el café antes de abrir por la tarde y recuerdo aquella foto con mi hermano Fernando, más lejana aún en el tiempo que las estrellas perdidas en la inmensidad del espacio. Me dieron a elegir para posar entre una bola del mundo y un libro.

Renuncié al mundo, escogí el libro.

VENTAS: 71,10 €

■

Balance final de la Feria del libro de Cartagena 2023

Frecuentemente he fantaseado con la idea de vender mis libros en lo alto de la Portilla del Crampón en Gredos. Es la canal vertiginosa por la que se sube al Almanzor, cuyo tramo final hay que hacerlo casi a cuatro patas. Al llegar arriba, echando el bofe, se abren de repente frente a ti las profundas Canales Oscuras y el Cuerno del Almanzor. Es un lugar de una belleza extraordinaria y es ahí justo, a más de 2500 metros, donde quiero poner una mesita blanca de camping muy bonita (la tengo ya vista) y una silla plegable de Ikea –también blanca– para montar el tenderete de Newcastle Ediciones. Todo muy cuidado y pensado: los libritos ordenados, un soporte de metacrilato con unas postales con toda la información de la editorial, la tablet donde iría apuntando las posibles ventas... Obviamente la cosa sería un sábado de agosto porque si lo hago en invierno me quedaría tieso como el capitán Scott en el Polo Norte. Me parecía preciosa la idea de intentar vender mis libros en un lugar inhóspito y ese diminuto collado colgado entre dos abismos me parecía sin duda el ideal. Me imaginaba la cara de estupor de los montañeros al llegar allí y ver instalado el puesto con los libritos. Como son ligeros no les pesarían en las mochilas si los comprasen: todo está calculado. Siempre pensé que esta idea loca de vender mis libros en un lugar extraño y salvaje era un sueño hasta que este fin de semana lo he hecho realidad: he tenido una caseta en la Feria del libro de Cartagena. El domingo, al abrirla muy temprano mientras las demás estaban aún cerradas sentí el viento de las cumbres, la soledad y lo extraordinario de mi presencia allí. Como tengo ya unos años, he aprendido que lo que a mí me parecen libros buenos pueden ser malos y al revés. O que lo que a mí ni siquiera me parecen libros, pueden serlo, y obras maestras... Lo digo porque mientras que yo no he vendido un pimiento y estaba en mis soledades roqueñas los datáfonos de mis vecinos echaban humo porque sus autores dedicaban libros como Dalí firmaba hojas en blanco. Tuve, por ejemplo, al lado a Amber Lake firmando lo suyo a sus entusiastas lectoras. Amber –que en realidad se llama Fuensanta Vidal– lleva ya quince novelas románticas publicadas, según parece con notable éxito. Más allá firmaba Utopía-Ana Calatayud L., una chavala muy agradable, que atrajo a muchos lectores con su novela *El legado del bardo* que, –me contó– es autoconclusiva y la protagonizan la Dama de Gris con su amiga dragona y los draguęznos que se alían tras la Purga Ancestral con miembros de la misteriosa orden del Bardo para salvar el mundo. También firmaba otra novela que era *feelgood,* un concepto que yo desconocía y que parece ser que designa a libros que te hacen sentir bien. Utopía, Amber y otros muchos vendían sus libros divinamente mientras los paseantes circulaban por delante de los míos –pequeños y marrones como pedruscos– sin dedicarles ni una mirada. Como si fueran abejas polinizadoras a las que les atrajeran solo los floreados colores de las portadas de los vecinos. No me parece ni bien ni mal, ni me creo mejor lector o editor que el que se dedica a sacar libros en los que se salvan mundos a lomos de dragones. Simplemente me he sentido solo en Cartagena y he pensado que estaba cumpliendo aquella fantasía de ir a la Portilla del Crampón.

Por la noche me mandaron una fotografía extraordinaria de la Feria del libro de Sevilla donde el Gremio de Editores de la Región de Murcia tiene una caseta. En la imagen se ve parte del mostrador con muchos libros de mis colegas y uno mío Que no se me malinterprete: estos editores paisanos míos es gente que aprecio muchísimo y juntos estamos haciendo cosas bonitas. Vamos, que casi diría que más que Gremio somos familia. Pero, dicho esto, al ver en la imagen nuestro librito *3 noches. 3 auroras* de José Mateos –un ensayo dedicado a Cervantes. Shakespeare y Dante –, pensé de nuevo que estaba intentando vender mis libros allí arriba en Gredos, en lo alto, azotado por el viento.

VENTAS TOTALES FERIA DEL LIBRO DE CARTAGENA: 313,10 €

Este libro se terminó de imprimir el 25 de septiembre de 2025, justo 10 años después de que se presentase *Hazañas de los malos tiempos* de Cristina Morano, el primer título publicado por Newcastle Ediciones.